Kunst *Genuß*

Dekorationen und Menüs

Konzept und Dekoration

Hanna Raissle

Menüs und Rezepte

Otto Koch

Fredy Rupp, Christian Loisl

Fotos

Brigitta Reuter

ARTEA

DIE KUNST DES GENIESSENS

Eine der schönsten stets wiederkehrenden Freuden im Dasein ist das Miteinander bei Tisch. Ob im Frühling unter freiem Himmel, oder im Herbst in der behaglichen Wärme des Hauses, kulinarischer Genuss kann sehr unterschiedliche Facetten haben.

Immer, wenn wir uns an ein besonders gelungenes Beisammensein erinnern, haben wir auch eine schöne, typische Situation vor Augen: eine festlich gedeckte Tafel mit Kerzen, feinem Leinen und edlem Silberbesteck, oder einen versteckten Innenhof im Süden, weinumranktes Mauerwerk, ein Hauch von Olivenöl und Rosmarin . . . Momente des Glücks, unverkennbarer Ausdruck einer Lebensart. Wir tragen diese Schätze des Erlebens als eine Verführung in uns, die immer wieder inszeniert werden will.

Unser Buch handelt von der Kunst des Genießens, vom Feiern und von Tafelfreuden. Das Festliche entsteht dabei nicht so sehr aus Üppigkeit und kostbaren Zutaten, als vielmehr aus einer klaren stilistischen Prägung. Ein sorgfältig gestaltetes Ambiente und eine phantasievolle Dekoration, in der Material und Farben mit den Speisen zu einer Sinfonie der Sinne zusammenklingen, sind der perfekte Rahmen für vollendeten Genuss.

Wichtiges Stilmittel ist dabei die Wahl der Farbstimmung. Stets liegt einer beeindruckenden Raumwirkung ein gekonntes Farbkonzept zugrunde, denn Farben haben großen Einfluss auf unsere Gemütslage.

Und es sind ja auch die Farben der Natur, die wir in den Speisen wiederfinden. Wenn wir uns auf sorgsame, liebevolle Weise das zunutze machen, was die Jahreszeiten zu bieten haben, liefern sie uns in Hülle und Fülle die richtigen Zutaten. Das Fest des Lebens wechselt ständig sein Gewand, und es ist an uns, mitzufeiern.

Es ist eine Kunst, gutes Essen als Erlebnis zu zelebrieren, und sie basiert auf Kenntnis und Wertschätzung der Gaben der Natur. Eine Kunst aber auch, die nicht nur Mühe, sondern Freude macht – eine kreative, lustvolle Aufgabe.

jung und grün

Knospen

Zart sprießendes Grün

Erwachende Natur

Grün, Farbe des Lebens, des Frühlings, der Sehnsucht nach Erneuerung. Nach den langen Wintertagen können wir es kaum erwarten, die ersten zartgrünen jungen Blättchen zu begrüßen. Wie verzaubert fühlen wir uns, wenn wir durch einen lichten Buchenwald streifen, in dem flirrend das Sonnenlicht tanzt.

Intuitiv sehnen wir im Frühjahr die frische, positive Ausstrahlung der Grüntöne herbei. Das helle Grün ist ein leiser, aber sehr machtvoller Klang, geeignet, alles Laute und Hektische zum Verstummen zu bringen. In dieser Stimmung ist auch die Dekoration zu unserem ersten Menü gehalten.

Ein überraschender Effekt entsteht durch die Verwendung einer ungewöhnlichen Blütenfarbe: So ist die grüne Calla ausdrucksstärker als ihre weiße, bekanntere Schwester und eignet sich mit ihrer markanten Farbschattierung und Blütenform sehr gut zur Einzelstellung in einer Vase. Ganz pur oder mit wenig sorgfältig ausgewähltem Blattwerk wird solch eine Blume in einem klar und reduziert gestalteten Raum sofort zum Blickfang.

FARBKONZEPT GRÜN-WEISS

Wie ein zarter Frühlingshauch, so licht und frisch wirkt das Zusammenspiel von Grün und Weiß. Fröhlichkeit und Anmut sind in dieser Farbkombination präsent.

Die richtige Farbgebung also, wenn wir uns innerlich entspannen und positiv einstimmen möchten.

Hellgrün gezielt als Hauptfarbe zu Weiß eingesetzt ist auch eine wunderschöne Kombination für Feste wie Taufe oder Hochzeit.

Frühlingshaft hell ist die Grünstimmung dieser Dekoration. Durch die Beschränkung auf wenige Farbtöne steigert man die Wirkung der einzelnen Formen. Geschirr und Vasen sind aus zartem Porzellan und aus Glas. Die Floralgestaltung zeichnet ein grafisches Bild, bei dem jede Linie Aufmerksamkeit beansprucht.

Eine reizvolle Idee sind die halbierten, ausgehöhlten Limonen. Mit einem Teelicht werden sie zum duftenden Tischschmuck.

Von Hand geflochten ist dieses Tischset aus Typhablättern. Die exakte Anfertigung bedeutet allerdings viel Arbeit. Ersatzweise eignet sich auch ein schönes großes Blatt als Tischset. Der Serviettenring besteht ebenfalls aus einem schmalen Typhablatt.

BLÜTENREIGEN

Bärlauchsuppe mit Gänseblümchen – hübsch und schmackhaft. Abends verschließen die Gänseblümchen zwar ihre Blütenköpfchen, öffnen sie aber wieder, wenn sie auf die warme Suppe gelegt werden.

Essbare Salbeiblüten sind die passenden Farbtupfer auf den Ravioli mit Salbeibutter. Das Röllchen oben drauf ist aus Parmesan.

FRUTTI DI MARE

Scampi und Co. in reizvollem Kontrast zu zwei verschieden grünen Saucen. Ein echter Frühlingskick.

MENUE

BÄRLAUCHSUPPE MIT GÄNSEBLÜMCHEN

RICOTTA-KRÄUTER-RAVIOLI MIT SALBEIBUTTER UND PARMESANRÖLLCHEN

MEERESFRÜCHTE AUF ZWEIERLEI SALSA VERDE

GRÜNE KIWIGRÜTZE MIT EIERLIKÖRCREME

ES GRÜNT SO GRÜN

Servieren Sie die grüne Grütze entweder ganz pur oder lassen Sie dazu gebackene Schmetterlinge fliegen. Würzige Minzeblätter eignen sich als Dekoration.

Blüten,

die auf der Zunge zergehen

Veilchen, Salbei & Lavendel.

Riechen, schmecken,

Lebensfreude.

Blüten sind uns ein Wunder in ihrer Schönheit und ihrem Duft. Doch dass Rosen, Veilchen & Co. auch erlesene Genüsse für den Gaumen sein können, ist weniger bekannt.

Früher war das anders. Zu Zeiten, als die Klöster mit ihren sorgsam gepflegten Kräutergärten noch Zentren der Kultur und der Heilkunde waren, fanden sich in den handgeschriebenen Büchern eine Vielzahl von Rezepturen mit essbaren Blüten. Hildegard von Bingen, die berühmte heilkundige Äbtissin aus dem Mittelalter, hat auch den dekorativen und wohlschmeckenden Blüten große Aufmerksamkeit gewidmet.

In den Königshäusern von Deutschland, Österreich und Frankreich waren kandierte Veilchen und Rosenblätter in Dessertkompositionen sehr beliebt – eine Tradition, die sich in Frankreich bis heute erhalten hat und zur berühmten landestypischen Konditorkunst zählt.

Gefüllte Zucchiniblüten gehören im Mittelmeerraum zum gängigen Sortiment des Sommers. Im Orient sind es Malvenblüten und Rosen, die als Blüte oder als Essenz vielen Speisen beigegeben werden.

Und es gibt noch viel mehr essbare Blüten: Nelken, Pelargonien, Kapuzinerkresse, Schlüsselblumen, Stiefmütterchen, Gänseblümchen, Begonien, Sonnenblumen, Indianernessel . . . Alles Blüten, die auf der Zunge zergehen – raffiniert und köstlich.

FARBKONZEPT GELB/ORANGE UND VIOLETT

Die Nachbarfarben Gelb und Orange erhalten in dem Kontrastpartner Violett ein spannungsreiches Gegenüber.
Das sanfte Gelb der Schlüsselblume wird in der Farbskala weitergeführt bis hin zum kraftvollen Orange.

Gelb strahlt Heiterkeit aus, wir empfinden es als sonnig, und an einem sonnigen Tag fühlen wir uns ganz einfach wohler als an einem grauen Regentag. Orange wirkt warm und entspannend – es ist eine kommunikative Farbe, fördert das Miteinander und den fröhlichen Essgenuss.

Ein wenig melancholisch dagegen blicken die Blüten von Viola tricolor, dem Stiefmütterchen, verträumt, und je nach Intensität der Farbe auch geheimnisvoll.

Die Verbindung von Heiterkeit und Ruhe macht den besonderen Reiz dieser Farbkombination aus.

Serviettensträußchen aus Schlüsselblumen und eine schwimmende Blüteninsel aus Calendula- und Kapuzinerkresseblüten bilden die Akzente in einem frühlingshaft frischen Gedeck.

Eine einzelne Calendulablüte zur Königin erhoben. Die Blüte wird in ein Orchideenglas mit Wasser gestellt. Ein duftiger Kranz aus Sisalwatte und feinem Golddraht umhüllt sie wie ein kostbares Kleid.

Viola tricolor, allgemein Stiefmütterchen genannt, erinnern mit ihren hübschen, ausdrucksvollen Gesichtern an exotische Schmetterlinge. Die Stängel der Violasträußchen sind mit einem hartlaubigen Blatt umwickelt. Kleine Blüten, zu einer schwimmenden Gelkerze in ein Wasserglas gefüllt, sind ein unkomplizierter, charmanter Tischschmuck.

Kaum zu glauben, dass es sich bei diesem hübschen Blütenkranz um eine Vorspeise handelt. Aber alles, was hier auf dem Teller liegt, ist tatsächlich essbar. Eine Lust für Auge und Gaumen.

FRÜHLINGSKRANZ

RECHTE SEITE:
Raffiniert ist diese Kombination von essbaren Blüten und exquisitem Spargelgelee. Die würzigen Kapuzinerkresseblüten steuern eine milde Schärfe bei und harmonieren perfekt mit der Dekoration.

BLÜTEN-DELIKATESSE

LAMMRÜCKEN

Im Frühjahr gibt es eine besondere Delikatesse – jungen Knoblauch, der so zart ist, dass man die ganze Knolle essen kann. Schmeckt fantastisch zum Lammrücken mit Kräuterkruste.

MENUE

WILDKRÄUTERSALAT
MIT BLÜTEN

SPARGELTERRINE MIT
SCHLÜSSELBLUMEN

LAMMRÜCKEN MIT BLÜHENDEN
GEWÜRZSTRÄUSSCHEN,
PEPERONATA UND
ROSMARINKARTOFFELN

BUTTERMILCHMOUSSE
MIT VEILCHEN

ZARTE VERSUCHUNG

Wer kann diesem traumhaften Dessert widerstehen? Die dünnen Schokoladenblättchen mit hauchzarter Füllung zergehen auf der Zunge.

Oster Spaß

Keck und fröhlich.

Bunt und

fein in Schale.

Das Ei ist seit Urzeiten Sinnbild des Lebens, der Erneuerung und Symbol des Frühlings.

Wie viele Völker der Welt feierten auch die alten Germanen zu Ehren ihrer Fruchtbarkeitsgöttin ein großes Frühlingsfest. Das uralte Ritual aus heidnischer Zeit wurde in Europa erst zu Beginn unserer Zeitrechnung von der christlichen Feier der Auferstehung überlagert.

Über die Jahrhunderte entstand eine Vielzahl von Bräuchen und Riten rund um das Ei und sein Fest. Gefärbt wurden Eier schon sehr früh in vielen Ländern dieser Erde. Bereits im alten Ägypten wurden Eier rot eingefärbt und zum Frühlingsfest verschenkt. Rot war lange Zeit die beliebteste Farbe zum Eierfärben.

Ostern – das bedeutet Frühling, und kraftvoll zeigen sich jetzt junges Grün und frische Blüten. Bunt darf es sein an Ostern und fröhlich. Der üppige Frühlingsstrauß wächst buchstäblich aus einem dichten weißen Eierkranz heraus. Fröhlich-bunt auch das Ringeldekor auf dem Geschirr im Stil der 70er.

Das Fest im Garten kann beginnen.

FARBKONZEPT GELB/ORANGE

Gelb und Orange sind die fröhlichsten Farben im Farbreigen. Gelb symbolisiert Heiterkeit und Lebensfreude, Orange vermittelt Wärme und Kommunikation.

Vor allem das helle, lichte Gelb wirkt sehr belebend und auf sanfte Weise aktivierend. Eine Farbe, die im Frühling absolute Hochsaison hat. Die Farbe Orange fördert die Freude am gemeinsamen Gespräch, ideal also für ein Essen mit Freunden und Familie. Orange symbolisiert auch das Herdfeuer, um das man sich immer gern versammelt hat.

Doch weil Ostern ist, gibt es noch einige bunte Farbtupfer dazu, die nicht dominieren, sondern den heiteren Charakter unterstreichen.

Lustiger Servietten-schmuck mit einem ausgeblasenen Ei, durch das eine Tulpe gesteckt wird. Wenn alle Gäste am Tisch versammelt sind, werden die Tulpen zu dem großen Strauß ins Wasser gesteckt.

EI IM NEST

Vorspeise und Suppe im Osterlook:

Das gelierte Ei wird in einem grünen Blätterbett angerichtet und mit bunten Melonenkugeln geschmückt.

Leicht wie ein Frühlingstag: Die feine Enten-Consommé erhält eine Einlage aus zarten Saison-Gemüsen.

FRÜHLINGSSÜPPCHEN

Schmunzel-Effekt: Kartoffel-Steinpilze machen nicht nur Kindern Spaß. Sie sind überdies ganz leicht zuzubereiten.

Im Fond geschmort ist diese witzige Beilage auch geschmacklich ein absoluter Hit.

VERWANDLUNG

Eine mit duftenden Kräutern gewürzte Lammkeule ist an Ostern das klassische Hauptgericht. Geschmorte Frühlingszwiebeln dazu sorgen für frühlingshafte Frische.

M E N U E

GELIERTE EIER IM NEST

ENTENESSENZ
MIT GEMÜSE

LAMMKEULE MIT FRISCHEN
KRÄUTERN
UND KARTOFFELPILZEN

OSTERFLADEN MIT
ERDBEER-RHABARBER-
MARMELADE

SÜSSER KLASSIKER

Ein Osterfladen mit ganz besonderem Aroma – die Mühe der Zubereitung lohnt sich. Die Erdbeer-Rhabarbermarmelade, raffiniert komponiert mit einer Basis aus Zuckerkaramel, Orangen und Zitronen, ist gleichzeitig eine Bereicherung für den Vorratsschrank.

Beeren Auslese

sinnlich

rund

frech

köstlich

Die süßen Beeren aus Nachbars Garten waren schon immer die besten. Beeren haben etwas Verlockendes und leicht Frivoles. Vor allem die Erdbeere erfreute sich bereits im Altertum eines Rufs als sinnliches Früchtchen und bewährtes Aphrodisiakum. Ihre verführerische Symbolkraft nährt auch heute noch so manche erotische Erzählung oder Filmszene.

Johannisbeeren sind mit ihren glänzend leuchtenden Trauben und köstlich süßsauren Früchten eine herrliche Erfrischung. Die Brombeeren verbergen hinter dunklen Gesichtern geheimnisvoll ihr süßes Innenleben, während es die Himbeeren gar nicht erwarten können, ihr zartes Aroma preiszugeben . . .

Die beerigen Schönheiten sind überdies allein schon optisch ein Genuss und können sich überall als Tischdekoration sehen lassen. Mit viel Grün arrangiert, entfalten Sie ihre ganze sommerlich-üppige Farbenpracht.

Wo aber hört die Dekoration auf, wo fängt der Essgenuss an? Kein Thema, in diesem besonderen Fall darf aus der Deko genascht werden.

FARBKONZEPT ROT UND GRÜN

Rot aktiviert, macht hellwach und dynamisch. Rot ist pure Energie. Rot lässt sich nicht übersehen, fordert unsere Aufmerksamkeit.

Bei den Blumen hat die Natur vorgesorgt und gleich das komplementäre Grün mitgeliefert. Es ist bescheiden und anpassungsfähig, steht für Ruhe, Sicherheit und Heilung. Grün vitalisiert, macht kreativ und belebt bedrückende Räume.

Rot und Grün steigern sich gegenseitig in ihrer Farbwirkung. Die Natur selbst gibt uns die besten Beispiele: Erdbeeren sehen noch viel schöner aus, wenn man sie auf ein paar Erdbeerblättern anrichtet. Und was wäre eine rote Rose ohne ihr kraftvoll dunkelgrünes Laub?

Beeren-Tumbler – ein bunter Aperitiv mit allerlei Beeren ersetzt hier die Vorspeise. Genau das richtige für alle Süßschnäbel.

APPETIZER

MENUE

BEEREN-TUMBLER MIT VANILLESPIESS

SOMMERSALAT MIT HIMBEERVINAIGRETTE UND KANINCHENRÜCKEN-ROULADEN

MILLE-FEUILLES »MIRÓ«

BEERIGER SALAT

Spinatgefüllte Kaninchenrouladen werden begleitet von einem attraktiven Fladen aus Frühlingsrollenteig und Sommersalaten, abgerundet mit einer delikaten Himbeeressigmarinade. Die Beeren im Salat sind optische Bereicherung und raffinierter Gaumenkitzel zugleich.

Was liegt näher, als bei unserem »Beeren-Menü« das Dessert schlichtweg zur Hauptsache zu erklären?

ERDBEERTHRON

Ein Traum aus karamelisierten Strudelblättern, gefüllt mit Quarkcreme und bunten Beeren, türmt sich über einem kunstvoll dekorierten Spiegel aus verschiedenen Fruchtsaucen. Miró stand Pate.

Fiesta del Sol

Magie des Südens

Sommer

Sonne

Lebenslust

Mediterrane Farben und Düfte. Kochen mit viel Kräutern und Olivenöl. Ein paar Freunde sind da, es wird geplaudert und gefeiert. Alles ist selbstverständlich, unaufgeregt, unkompliziert; man hat Muße.

Der Süden ist eingefangen in roten Tomaten, gelben Zitronen, grünen Artischocken und Bohnen, in Kräutern, Ranken, Blüten und Blättern. Das ist Dekoration genug.

Man lässt sich inspirieren, nimmt, was Garten oder Markt hergeben. Locker und üppig wird arrangiert, was der Sommer zu bieten hat. Ein feiner Rotwein, in schönen Gläsern serviert, weißes Geschirr mit Tellern, in denen auch eine große Portion Pasta Platz hat – mehr braucht es nicht.

Wer an diesem Tisch Platz nimmt, für den ist die Welt in Ordnung und die Sehnsucht nach dem Süden wieder für ein Weilchen gestillt. Das Mittelmeer lässt grüßen.

Wie auf den Gemälden der alten Meister sind die Früchte, Gemüse und Ranken in der Steinschale arrangiert. Eine stilvolle Ergänzung zur Tafel und ein wunderbar einfacher Raumschmuck.

FARBKONZEPT ROT/ORANGE/GELB UND GRÜN

Hier leuchtet Rot in seiner ganzen Urkraft. Dazu das intensive Strahlen und die Vitalität von Orange und Gelb. Wirkungsvolle Partner.

Nimmt man allerdings eine zu große Dosis davon, wird es leicht aufdringlich. Grün, das bei floralen Arrangements kaum als Farbe wahrgenommen wird, ist deshalb hier ganz bewusst als mildernder Farbaspekt mit aufgenommen. Grün besänftigt und dämpft das allzu Grelle, ohne die Wirkung der anderen Farben zu schmälern.

Als kleine Farbspielerei wird mit den zartlila Blüten der Passionsblume ein weiterer Akzent gesetzt.

Harmonisch verbindet sich das Purpurviolett der Passionsblume, das Rubinrot des Weins und das Rotbraun der Besteck-Griffe mit den verschiedenen Grüntönen von Blätterranken und Gemüse.

GEBÜNDELT

Kleine Bohnen- oder Gemüsebündel, mit Gräsern oder Bast umwickelt, sind schnell angefertigt und betonen lässig den rustikalen Charme des Tischdekoration.

ANTIPASTI

Einstimmung auf einen kulinarischen Sommerabend. Unsere Antipastitorte leuchtet in den Farben des Südens und schmeckt köstlich. Auch Vegetarier kommen hier voll auf ihre Kosten.

GAZPACHO

Andalusien, Flamenco-klänge, ein Abend im weinumrankten Patio. Holen Sie sich den Süden Spaniens mit diesem herrlichen eiskalten Gazpacho nach Hause.

DUFTSPENDER

Aufgeschnittene Limonen und Zitronen verströmen einen würzigen Duft, sehen dekorativ aus und halten obendrein lästige Insekten fern.

RECHTE SEITE:
Absolute Frische der Zutaten ist hier ein Muss. Dann wird der Fisch mit diesem Rezept zu einem unvergesslichen kulinarischen Erlebnis.

GRILLFISCH

M E N U E

ANTIPASTI

GAZPACHO

DORADE VOM GRILL
AUF WILDEM FENCHEL
UND LORBEER

ZITRONENTARTE MIT
HIMBEEREN

ZITRONENTRAUM

Saftig, sanft, zitronig. Ein Dessert der Sonderklasse ist diese Zitronentarte mit Himbeeren und Himbeersauce. Rechnen Sie damit, dass so mancher Gast noch ein zweites Stück nimmt . . .

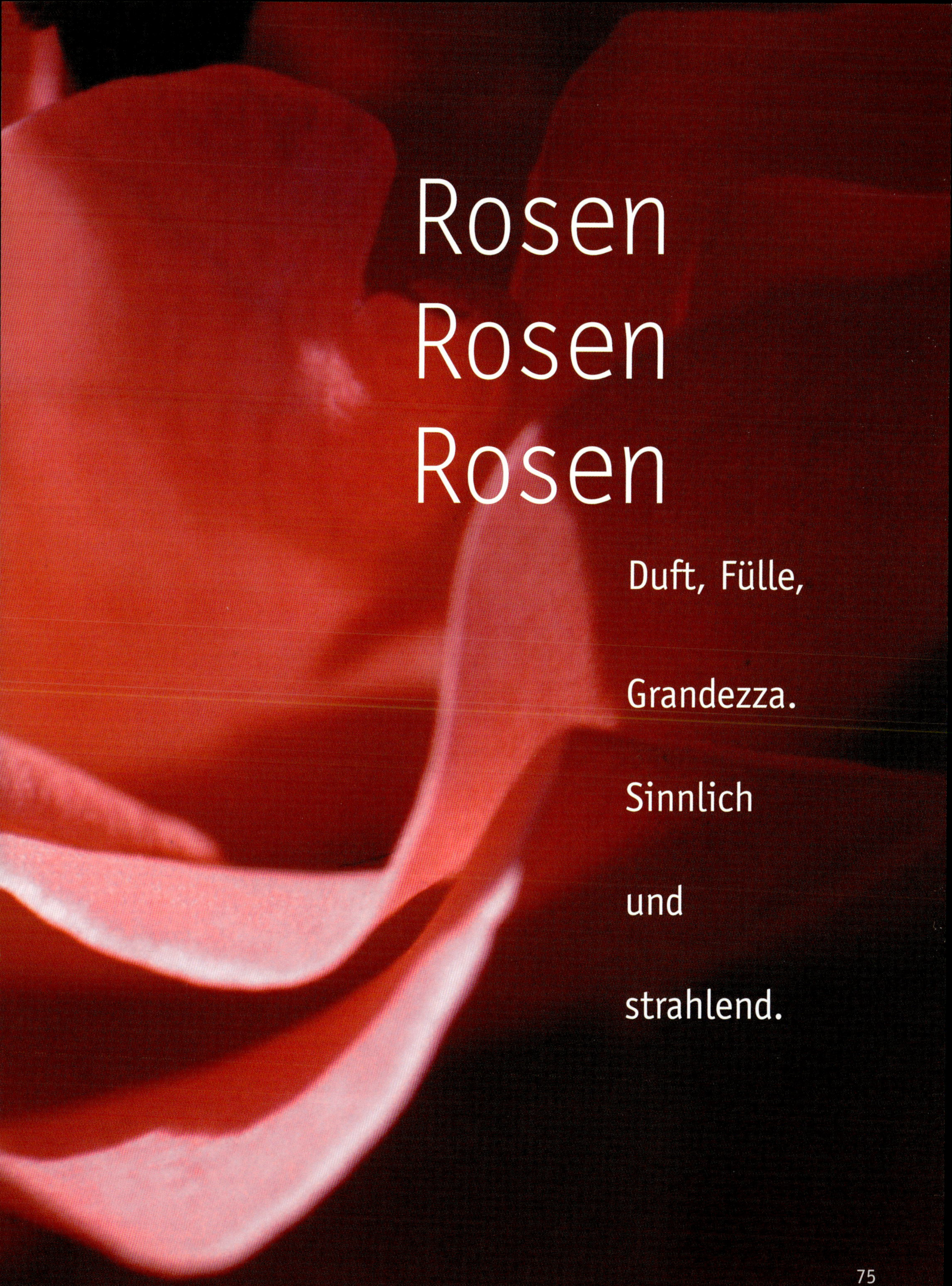

Rosen Rosen Rosen

Duft, Fülle,

Grandezza.

Sinnlich

und

strahlend.

Die Rose, Königin der Blumen – seit Jahrhunderten zieht sie uns in ihren Bann. In Poesie und Legenden wird ihre Schönheit und Anmut besungen. Aus Persien, der Wiege des Rosenkultes, stammt einer der ältesten und zartesten Mythen, die Dichtung von der unerfüllten Liebe der Nachtigall zur Rose. Die griechische Sage überliefert uns, dass sich die Schaumflocken an den Gliedern Aphrodites in weiße Rosen verwandelten, als die Göttin der Schönheit und Liebe dem Meer entstieg.

Wie keine andere Blume ist die Rose von Geheimnis und Zauber umweht. Blume der Mystiker und der Dichter, Blume der Liebe und Hingebung, Sinnbild der Jungfräulichkeit und der Schönheit, aber auch Mahnung an die Vergänglichkeit.

Ihre Faszination spiegelt sich vielfach in Symbol und Brauchtum. So musste ein Brautkranz früher aus Rosen bestehen, Rosenfeste wurden gefeiert und die Rose durfte in keinem Klostergarten fehlen. Wertvolles Rosenöl und Rosenessenzen hatten ihren festen Platz in der traditionellen Medizin und Kosmetik. In der Küche wurde Rosenwasser als Würze für feine Speisen verwendet.

Aus *Rosa Centifolia*, der vielbesungenen »hundertblättrigen« Rose, waren schon in alter Zeit die ersten Züchtungen entstanden. Später taten sich Frankreich und vor allem England mit immer neuen Varianten hervor.

Heute existiert ein schier unglaubliches Angebot verschiedenster Sorten und Farben. Ein Heer begeisterter Rosenzüchter beglückt uns mit immer wieder neuen wunderschönen Spielarten, von Buschrosen mit winzigen Blütenköpfchen über Park- und Floribundarosen bis zu prachtvollen Edelrosen.

Lassen wir für diese Dekoration klassisches Rot mit Rosa und Cremeweiß eine duftende Liaison eingehen und genießen wir auf der üppig geschmückten Tafel die Köstlichkeiten eines raffinierten Rosen-Menüs.

»Rosen am Busen, Wein in der Hand,
Die Liebste nach Willen.«

Hafis, persischer Dichter, 1326-1390

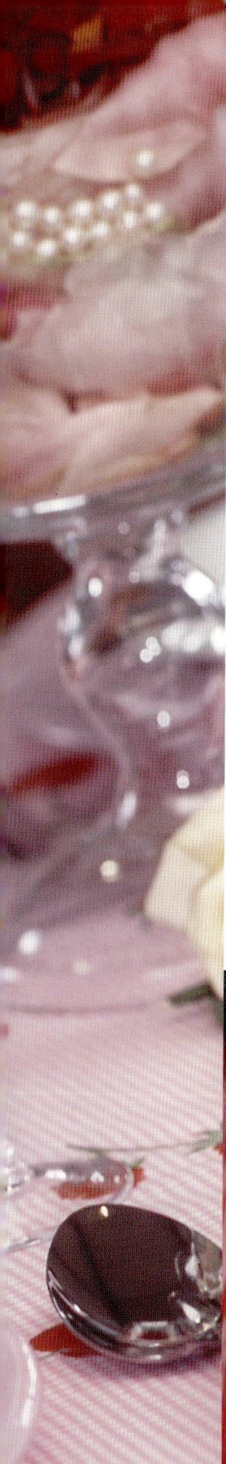

Eine »Torte« aus dicht gesteckten verschiedenfarbigen Rosen, umkränzt von zarten kleinen Teebaumblüten auf einem kunstvoll mit Sisalwatte und Bändern umwickelten Boden, steht im Mittelpunkt dieser Tafel. Kleine Rosentörtchen aus einzelnen Blüten werden als »Appetithäppchen« spielerisch auf der Tischfläche und den Tellern verteilt. In barocker Pracht prangt ein mit Rosenblüten und Perlen gefüllter Glaspokal im Hintergrund.

FARBKONZEPT ROSA, ROT

UND CREMEWEISS

Rot gilt als die kraftvollste Farbe im Reigen der Farben. Rot steht für Erotik, Leidenschaft und Liebe. Rot steigert die Vitalität und gibt neuen Schwung. Rot zielt direkt ins Herz.

Anders seine sanfte Schwester Rosa. Wer auf rosa Wolken schwebt, ist meist ein bisschen abgerückt vom grauen Alltag. Ein schöner Zustand – versüßen wir uns doch das Leben mit einer kleinen Portion Rosa.

Weiß vermittelt Klarheit und Weite. Doch Weiß ist nicht gleich Weiß. Klares Weiß hat immer eine gewisse Härte. Der weiche Cremeton dagegen bringt Helligkeit und Licht in die Komposition und wirkt als Vermittler zwischen den Rot- und Weißtönen in der Dekoration.

DAS GEHEIMNIS DER PERLENROSE

Zart wie Tautropfen glänzen einzelne Perlen zwischen den Rosenblütenblättern. Sanft schillernd erinnern sie an die Geburt Aphrodites, der schaumgeborenen Göttin, die in einer Muschel dem Meer entstieg.

Oder sind sie eine Reminiszenz an den alten persischen Mythos, nach dem sich die Tränen der Nachtigall über ihre unerwiderte Liebe zur Rose am nächsten Morgen in Tautropfen verwandelten?

ROSENBLÜTEN-WILDKRÄUTER-SALAT

Alternative zum Familiensilber. Das schöne Besteck mit den bordeaux-roten Griffen und dem silbernen Flechtwerk sorgt für eine extravagante Optik.

POISSON EN ROSE

Würzige Artischockenblätter umrahmen diese delikate Lachsrose. Die appetitlich goldgelb gebackenen Kartoffelwürfelchen kann man schon am Vortag zubereiten.

Knuspriges Überraschungspäckchen: In der Hülle steckt ein feines Kalbsfilet mit würziger Farce. Dazu – in ungewöhnlicher Farbe – ein cremiger Risotto. Das Ganze angerichtet inmitten zart duftender Rosenblätter.

MENUE

HIPPEN-BRICKSCHALE
MIT ROSENBLÜTEN-
WILDKRÄUTERSALAT

LACHSROSE MIT GEBRATENEN
ARTISCHOCKEN

KALBSFILETPAKET AUF
ROTE-BETE-RISOTTO

CHAMPAGNERSÜPPCHEN MIT
BITTERMANDELEIS

LINKS UND UNTEN:
Ein Glaspokal, gefüllt mit Blütenblättern, Perlen und ganzen Rosenblüten. Mehrere solche Prachtstücke in verschiedenen Größen wären schon für sich allein eine herrlich opulente Dekoration für eine Rosen-Tafel.

RECHTE SEITE:
Beim Dessert wurde Rosenblüten und Bittermandeleis ein prickelndes Champagerbad bereitet. Das Ganze ist mit einem Hauch Rosenwasser gewürzt.

CHAMPAGNER-BAD

1001 Nacht

Dämmerlicht

zarte Schleier

Märchen aus dem Morgenland

Sheherazade konnte wunderbare Geschichten erzählen von verliebten Prinzen und verruchten Halunken, von geheimnisvollen Genüssen voller Rosen, Honig und Wohlgerüche.

Eine Märchenwelt ist hier eingefangen in dem ganz besonderen Zauber des Orients, im Duft von Zimt, Nelken und Kardamom, in der verführerischen Sinnlichkeit von Kaffee und Schokolade.

Weiche Seidenkissen, ein großer Tisch, darauf angerichtet Genüsse wie im Schlaraffenland. Raffinierte Dekorationen aus Kaffeebohnen, exotischen Früchten, roten Pfefferschoten und duftenden Gewürzen. Kerzen in farbigen Gläsern erzeugen ein magisches Licht- und Schattenspiel und schaffen angenehm sanfte Konturen.

Kaffee und Schokolade sind für uns längst zur Selbstverständlichkeit geworden. Einst waren diese Spezereien jedoch eine äußerst wertvolle Handelsware und nur begüterten Häusern vorbehalten.

Von Äthiopien aus breitete sich die Sitte des Kaffeetrinkens seit dem 13. Jahrhundert in der arabischen Welt aus und wurde später von den Türken nach Wien gebracht.

Kaffee war schon immer mehr als nur ein belebendes Getränk. Heute ist er die Würze eines kosmopolitischen Lebensgefühls.

FARBKONZEPT KAFFEEBRAUN/GOLD/ORANGE

Erdverbundenheit, Kraft und Wärme assoziieren wir mit der dunklen Farbe Braun, die in dieser orientalisch inspirierten Dekoration tonangebend ist.

Kaum eine andere Farbe vermag es, Gold schöner zum Glänzen und Orange wirkungsvoller zum Leuchten zu bringen. Gold auf Braun wirkt edel und luxuriös, die Orangetöne dazu setzen warme, lebendige Akzente.

Ebenso kräftig wie die Farbe selbst: der würzige Duft von frisch gemahlenen Kaffeebohnen, Nelken und Zimt, der uns in die märchenhafte Welt orientalischer Genüsse entführt . . .

INGWER UND MANGO

Ungewöhnliche Vorspeisenvariation mit exotischem Touch: Zu einer Ingweressenz, serviert in einer langstieligen Glasschale, werden Mango-Crostini und Thunfisch-Tartar gereicht.

Schokolade schmeckt nicht nur in süßen Gerichten. Ein wenig Schokolade gibt der dunklen Sauce zu einem Wildgericht besondere Raffinesse.

HIRSCHRÜCKEN ORIENTAL

Pikant-würzige Ziegenkäsetörtchen, gekrönt von einem Häubchen Tomatenkonfitüre. Hergestellt aus aromatischen Tomaten und Zucker ist diese Konfitüre auch zu anderen Käsesorten eine deliziöse Ergänzung.

PIKANT UND SÜSS

Die Schokoladen-Cannelloni werden mit weißer Moccamousse gefüllt. Der Clou dabei: Moccabohnen ziehen über Nacht in der Sahne, die dabei das volle Mocca-Aroma annimmt und trotzdem schön weiß bleibt .

MENUE

INGWERESSENZ
MIT MANGO-CROSTINI

HIRSCHRÜCKEN
MIT SCHOKOLADENSAUCE,
ORANGENBUTTER
UND COUSCOUS

ZIEGENKÄSE MIT
TOMATENKONFITÜRE

SCHOKOLADEN-CANNELLONI
MIT WEISSER
MOCCAMOUSSE

PopArt

Bunt, schräg

witzig, provokant.

Alles ist möglich.

In der Kunstszene finden wir immer wieder Menschen, deren populäre Werke viele Trends überdauern. Einer davon ist Andy Warhol, wohl einer der bekanntesten Pop-Artisten unserer Zeit. Seine großformatigen farb-intensiven Bilder sind witzig und frech, doch dabei auch elegant – und hintergründig. Der ehemalige Werbegrafiker war ein genialer Provokateur und hat es verstanden, die Banalitäten unserer Zeit zum Kunstereignis zu machen.

Mittlerweile sind seine Werke bereits zu Klassikern geworden. Die stilistische Umsetzung seiner Motive und seine eigenwilligen Farbkombinationen haben eine ganze Generation geprägt.

Ein typisches Blumenmotiv des Künstlers stand auch Pate für das Dekor auf Gläsern und Geschirr bei diesem trendig-fröhlich gedeckten Tisch. Die für Warhol typische Wiederholung des gleichen Motivs in unterschiedlichen Farbkombinationen macht den Reiz der Dekoration aus.

Eine Palette von Pink über Rot bis Orange, dazu Lila, Gelb und Hellblau – das sind Farben, die nach landläufiger Meinung nicht zusammenpassen. Trotzdem entsteht bei diesem Farbmix eine interessante Stimmung. Das Geheimnis dabei ist, dass fast alle hier verwendeten Farben im Farbkreis nebeneinander liegen. Lediglich das Hellblau tanzt aus der Reihe und bringt noch einen kleinen Spannungsaspekt dazu.

Mit Nachbarfarben zu experimentieren ist allerdings nicht nur Künstlern vorbehalten. Ein Farbkreis zum spielerischen Ausprobieren ungewohnter Farbkombinationen kann ganz neue Sehweisen eröffnen. Wie wär's damit?

FARBKONZEPT PINK/ROT/ORANGE

Gerbera in schönen klaren Farben wiederholen das Blütendekor. Mit farbigen Bändern umwickelt und mit Grashalmen umknotet werden sie zum perfekten Serviettenschmuck.

Edel-köstliches Entrée: Trüffelnudeln, sorgsam gebettet in ein zart gebackenes Parmesan-körbchen.

Ein Farben- und Vitaminpaket ist die Rote-Bete-Suppe, schnell gemacht, schmackhaft und sehr effektvoll. Die mutige Farb-kombination sorgt mit Sicherheit auch noch für angeregte Diskussionen.

ROTES KRAFTPAKET

Im schönsten Retrodesign prangt diese Vase mit ihren witzigen Ringelstreifen. Der krönende Blumentuff nimmt die Farben aus dem Streifenmuster auf. Aus Rosen, Dahlien, Beeren und einem orangefarbenen Rohrkolben entsteht ein eigenwilliger, wirkungsvoller Blickfang.

LINKE SEITE:
Bunter Fischspieß auf leuchtend gelber Safranpolenta: kräftige Akzente zu den Farben der Tischdekoration.

MENUE

GETRÜFFELTE
TAGLIOLINI IM
PARMESANKÖRBCHEN

ROTE-BETE-SUPPE MIT
MEERRETTICHNOCKEN

FISCHSPIESS
MIT PAPRIKABUTTER AUF
SAFRANPOLENTA

BUNTE FRUCHTDESSERTS
UND POP-ART-EISCREME

Eine Palette bunter Früchte als Dessert. Brombeeren, Kiwi, Passionsfrucht, Aprikose, Himbeeren und feine Fruchtsaucen sind auf flachen rechteckigen Schälchen zu kleinen Kunstwerken arrangiert.

SAFTIGE FRÜCHTCHEN

Und auf die ganz großen Schleckermäuler, die gar nicht genug Süßes bekommen können, wartet zum Abschluss noch eine kunterbunte Eisparade. Erdbeer, Vanille, Pistazie, Schokolade, Mango, Brombeer – welche Sorte darf's denn sein?

FRÖHLICHE EISZEIT

Früchte

Sanfte Melancholie

Zeit der Reife

Leuchtende Blätter

des Herbstes

Herbstzeit, Erntezeit, Zeit der Reife und des Überflusses.

Die goldgelben Birnen und Quitten sind hier würdige Vertreter der herbstlichen Fülle. Schlicht und unkompliziert ist die Tischdekoration. Sie zieht sich wie ein ornamentales Band über die Länge der Tafel. Die Früchte korrespondieren perfekt mit den Formen der beiden Vasen.

Raffiniert wird das Ganze durch die Kombination üppiger organischer Formen mit den gradlinigen, exotischen Equisetum-Stielen, die sich sowohl in der Tischdekoration als auch in der hohen Vase finden.

Der Gegensatz von streng Linearem und weich Gerundetem bringt Spannung und Leben in die Gestaltung. Aus dem Spiel mit diesen Formen entstand auch das filigrane Geflecht, das die zweite Vase krönt.

FARBKONZEPT GOLDGELB UND ORANGE

Intensiv und reich sind die Farben des Herbstes. In leuchtende Gelb- und Rosttöne sind die Wälder getaucht. Früchte prangen in satten, kraftvollen Farben. Keine zarten Töne finden wir in dieser Jahreszeit, sondern dichte warme Nuancen mit einem hohen Braunanteil.

Gelb vitalisiert und wärmt in der golden-herbstlichen Version. Hier gibt es keine nervöse Aufgeregtheit, die dem Gelb sonst manchmal anhaftet.

Gedämpft auch das Orange, die Grenze zum Braun ist fließend, kaum mehr wahrnehmbar. Alles in allem eine ruhig elegante, herbstliche Farbstimmung, die Wohlbehagen vermittelt.

Kürbisse sind in den letzten Jahren zu einem beliebten Gemüse geworden. Die Halloween-Mode hat sicher dazu beigetragen. Unsere feine Kürbiscremesuppe, gewürzt mit Kürbiskernöl, ist im Nu zubereitet und schmeckt wunderbar. Auch zur Besänftigung von Gespenstern geeignet.

HALLOWEEN LÄSST GRÜSSEN

Eine besonders interessante Beilage zum Perlhuhn ist Chicorée. Durch das Karamelisieren verbinden sich bittere und süße Komponenten zu einer gelungenen Liaison.

MENUE

KÜRBISCREMESUPPE

PERLHUHN
MIT KARAMELISIERTEM
CHICORÉE
UND GRANATAPFELKERNEN

KÄSEPRALINEN

KÄSEPRALINEN

Die dekorativen Käsepralinen zum Abschluss des Herbstmenüs sind beinahe zu schön zum Aufessen.

RECHTS (VON OBEN NACH UNTEN):
Kleine Beilagen zu den Käsepralinen:
Grüne und schwarze Oliven mit Lavendelhonig, gehackten Kräutern und Knoblauch;
Traubenragout und frische Feigen;
Orangenfilets mit Feigensenf, rosa Pfeffer und weißem Balsamico;
Datteln mit Armagnac, Honig und gerösteten Pinienkernen.

Meditation in Weiß

Ästhetik

Wohlbefinden

Ganzheit

Fernöstliche Ästhetik ist uns in den letzten Jahren zum Sinnbild einer ganzheitlichen Lebensphilosophie geworden. Wohltuende Schlichtheit zeugt von einem tief spirituell geprägten Wissen jenseits von Stress und Hektik. Auch Akupunktur, Massagen und Entspannungsmethoden aus diesen Ländern werden längst mit Erfolg in unserem westlichen Kulturkreis angewandt.

Mit dem fernen Osten, insbesondere mit Japan, verbinden wir auch die Vorstellung eines ästhetischen, von reduzierter Klarheit geprägten Lebensstils. In den klassischen japanischen Häusern und Gärten findet sich nichts Überflüssiges. Jeder noch so simple Gebrauchsgegenstand ist von erlesener Schönheit.

Diese Grundidee ist auch das Leitmotiv der Dekoration. Jede Form ist klar und bewusst gewählt. Keine Frage, dass dazu am besten ein rein vegetarisches Menü passt.

FARBKONZEPT WEISS MIT HELLBLAU

Weiß steht für Neubeginn, Reinheit und Licht. Weiß ist offen für alles, ist strahlend, friedlich und aufmunternd.

Helle Blautöne haben eine erfrischende und kühlende Wirkung. Blau symbolisiert außerdem Weite und Unendlichkeit, Harmonie und Freundschaft.

Mit wenigen Gestaltungsmitteln entsteht hier ein sinnlicher Erlebnisraum. Klare, reduzierte Formen prägen das Bild dieser Dekoration. Dominierende Form ist die Kugel als Sinnbild der ewigen Erneuerung.

Styroporkugeln werden mit weißem Wachs bezogen und dienen mit dem eingearbeiteten Reagenzglas als Vase für die Orchideenblüten. Einige der Kugeln sind mit gebleichter Sisalfaser umwickelt. In dieser Oberflächenstruktur brechen sich die Lichtwellen anders als im Wachs, wodurch eine interessante Spannung entsteht. Weiße und hellblaue Kugelkerzen ergänzen die Dekoration.

Der puristische Stil findet seine Fortsetzung in der floralen Dekoration, die nur aus weißen Blüten besteht. Bestechend daran: Formen und Strukturen ersetzen hier die Farben.

Hier gibt es nur klare geometrische Formen. Einzige Ausnahme: die elegant geschwungene Orchideenrispe. Schwarz und Weiß, Dynamik und Ruhe. Gegensätze verbinden sich zu einer neuen Harmonie.

Eine pastellgrüne Köstlichkeit als Vorspeise. Zur hauchzarten Broccoliterrine gibt es eine Panna Cotta von Romanesco.

GANZ IN WEISS

Die Kokosnuss-Suppe ganz puristisch in Weiß. Nur wenige grüne Kräuterstreifen sind als Dekoration erlaubt.

Hübsch verschnürt ist das Tofu-Wirsing-Päckchen in Begleitung einer würzigen, zart schaumigen Kräutersauce. Anstatt mit Tofu lässt sich dieses Rezept auch gut mit Fischfilet zubereiten.

MENUE

PANNA COTTA VON ROMANESCO MIT BROCCOLITERRINE

KOKOSMILCHSUPPE

TOFU IM WIRSINGMANTEL MIT BUTTERMILCH-KRÄUTERSAUCE

VITAL-COCKTAILS

Kombucha und Ginko gelten als wirksame Stärkungsmittel und geben diesen Drinks den prickelnden Geschmack.

Weihnachts Zauber

Kerzenschimmer

Glitzerschmuck

Leuchtende Augen

Glöckchenklang, himmlische Düfte, aufgeregtes Warten – selige Kindheitserinnerungen an den Weihnachtsabend.

All die Bilder steigen auf von knisternden Kerzen und glitzerndem Weihnachtsschmuck, von Geheimnissen, vom Naschen und Schlemmen und dieser unvergesslichen Behaglichkeit, wie es sie nur an Weihnachten gibt.

Ein Stück von diesen Träumen ist eingefangen in dem Weihnachtsmenü und der festlichen Dekoration. Gewürzt ist mit Phantasie, delikater Pracht und wohliger Atmosphäre.

Der Rahmen stimmt, die Geschenke können kommen.

FARBKONZEPT GOLD UND SILBER

Nicht klassisch rot ist diesmal die Weihnachtsdekoration gehalten, sondern in edlem Gold und Silber. Zusammen mit dem warmen Braun der weihnachtlichen Gewürze schimmert diese Kombination in ruhigem, wohligem Glanz. Braun bringt die Beständigkeit und Erdbezogenheit als Komponente mit ein und sorgt so dafür, dass nicht allzu viel Prunk aufkommt.

Gold, das Sinnbild der Sonne, zusammen mit dem Silberglanz des Mondes als faszinierende Vereinigung der Gegensätze – gibt es ein schöneres Thema für das Fest der Liebe?

Raffiniert glitzernde Serviettenringe aus Engelshaar und Perlen unterstreichen den edlen Charakter der weihnachtlichen Tischgestaltung.

WEIHNACHTLICHE ELEGANZ

RECHTE SEITE:
Die Prachtstücke der Dekoration sind hier versammelt. Orientalisch anmutende Kegel mit üppigen Gold- und Silberverzierungen und eine extravagante Haselnuss-Schale dienen als Blickfang. Das transparente Material der Konsole und die zarten Glaskugeln lassen das Arrangement trotz aller Opulenz leicht und elegant erscheinen.

Geräucherter Heilbutt ist weniger bekannt, aber ebenso schmackhaft wie Lachs. Als Partner in dieser festlichen Vorspeise zusammen mit der Honig-Senfsauce ein erlesener Genuss.

Den feinen festen Schaum auf dem Maronen-Süppchen zaubert man ganz einfach mit einem Milchaufschäumer.

SAMTIGER MARONENSCHAUM

Separat gereichte karamelisierte Maronen und ein feines Maronenpüree machen aus dieser Maronensamtsuppe ein außergewöhnliches Gericht.
Wer die Maronen nicht selber kochen will, kann im Feinkostladen fertig gegarte Maronen kaufen.

FESTTAGS-KLASSIKER

Weihnachtliche Würze für den Rehrücken. Ein Fichten- oder Wacholderzweiglein, in der Sauce mitgekocht, sorgt für einen besonders würzigen Geschmack.

MENUE

GERÄUCHERTER HEILBUTT
UND LACHS
MIT DILL-SENF-HONIGSAUCE

MARONENSAMTSUPPE

REHRÜCKEN MIT
LEBKUCHENKRUSTE

ZIMTMOUSSE
MIT GEWÜRZORANGE

Zimtmousse mit extravagant weihnachtlicher Dekoration. Ein wahrhaft krönender Abschluss des Festmenüs.

REZEPTE UND DEKORATIONS-ANLEITUNGEN

S. 16

BÄRLAUCHSUPPE MIT GÄNSEBLÜMCHEN

Für 4 Personen

100 g Butter
1 Zwiebel
2 Knoblauchzehen
100 ml Weißwein
50 ml Noilly Prat
500 ml Geflügelfond (Rezept S. 184)
300 ml Sahne
40 g Mehlbutter (Butter und Mehl zu gleichen Teilen verknetet)
Zitronensaft
Salz, Pfeffer
4 EL Bärlauchpaste (Rezept siehe unten)
4 EL geschlagene Sahne
20 Gänseblümchen

Fein geschnittene Zwiebel und Knoblauch in der Butter dünsten, mit Weißwein und Noilly Prat ablöschen, einkochen und mit Geflügelfond und Sahne auffüllen. Aufkochen, mit der Mehlbutter leicht binden und die Suppe 20 Minuten köcheln lassen. Mit Salz, Pfeffer, Zitronensaft abschmecken und durch ein feines Sieb passieren. Mit dem Schneebesen die Bärlauchpaste und die geschlagene Sahne unterheben.

Geschäumte Suppe in Tellern anrichten und mit Gänseblümchen dekorieren.

Bärlauchpaste

100 g Blattpetersilie ohne Stiel
100 g Spinat gezupft
300 g Bärlauch ohne Stiel
200 g Butter
Salz

Petersilie, Spinat und Bärlauch in Salzwasser kurz blanchieren, in Eiswasser abschrecken, ausdrücken, mit der Butter im Mixer pürieren, durch ein Sieb streichen. Zugedeckt im Kühlschrank 1 Woche haltbar.

Weinempfehlung:
Weißweine aus der Provence, weiße Cuvées aus dem Languedoc

S. 16

RAVIOLI MIT RICOTTA-KRÄUTERCREME UND SALBEIBUTTER

Für 4 Personen

Nudelteig

300 g Mehl
1/2 TL Salz
3 Eier
1 EL Olivenöl

Alle Zutaten zu einem glatten Teig verarbeiten und 1 Stunde zugedeckt im Kühlschrank ruhen lassen.

Ricotta-Kräutercreme

150 g Ricotta
40 g Crème fraîche
100 ml Weißwein, auf 1 EL reduziert
Salz, Pfeffer, Zitronensaft
1/2 Knoblauchzehe gehackt
1 geh. EL Petersilie gehackt
1 gestr. EL Kerbel gehackt
1 kräftige Prise Thymian gehackt

Ricotta, Crème fraîche, Knoblauch und den reduzierten Weißwein zu einer glatten Masse verrühren, mit Salz, Pfeffer und Zitronensaft abschmecken. Zum Schluß die gehackten Kräuter untermischen.

Ravioli

Teig zu 3 dünnen Platten (0,5 mm) ausrollen. Auf eine der Teigplatten in Abständen von 7 cm je ein Petersilienblatt legen, mit der 2. Teigplatte bedecken und nochmals 0,5 mm dünn ausrollen.

Mit einem runden Ausstecher Kreise von 7 cm Durchmesser ausstechen (Petersilienblatt soll in der Mitte sein). Man benötigt 12 dieser Teigblätter mit Petersilie und 12 Teigblätter ohne Petersilie.

Auf die leeren Teigblätter je 1 TL der Ricotta-Kräutercreme geben, die Ränder mit Eiweiß bestreichen, jeweils ein Teigblatt mit Petersilie darauflegen und gut andrücken.

Die fertigen Ravioli in sprudelndes Salzwasser einlegen, 4 - 5 Minuten sanft kochen, herausnehmen und gut abtropfen lassen.

Salbeibutter

100 g Butter
12 Salbeiblätter
20 Salbeiblüten (Gewürz- und Zierformen)

Die Butter in einer Pfanne schmelzen lassen, die in Streifen geschnittenen Salbeiblätter darin schwenken und mit den Salbeiblüten über die Ravioli geben.

Parmesanröllchen

100 g Parmesan

Käse reiben und gleichmäßig auf einem Backblech verteilen. Mit einer Spachtel zu Streifen zusammenschieben und im auf 180°C vorgeheizten Backofen ca. 7 - 8 Min. hellgelb backen. Danach mit der Spachtel ablösen und noch heiß über einen Kochlöffelstiel zu Rollen formen.

Weinempfehlung:
Weißburgunder aus Deutschland oder Südtirol

S. 20

MEERESFRÜCHTE MIT ZWEIERLEI SALSA VERDE

Für 4 Personen

8 Riesengarnelen à 80 - 120 g
4 Jakobsmuscheln
20 g Forellenkaviar
50 ml Olivenöl
Salz, Pfeffer
1 Zweig Rosmarin frisch
1/2 Bund Thymian frisch
2 Knoblauchzehen (leicht gequetscht)

Die Riesengarnelen bis auf das Schwanzsegment abschälen, entlang der Rückseite ca. 4 - 5 mm einschneiden und den Darm entfernen. Die Jakobsmuscheln öffnen, unter fließendem kalten Wasser gut reinigen und den Rogen entfernen.

Tipp: Vom Fischhändler küchenfertig zubereiten lassen.

In einer Pfanne das Olivenöl erhitzen, Knoblauch, Thymian und Rosmarin dazu geben und darin die mit Salz und Pfeffer gewürzten Jakobsmuscheln und Garnelen bei nicht zu großer Hitze langsam braten.

Salsa verde

100 ml Weißwein
200 ml Fischfond (aus dem Glas)
200 ml Sahne
20 g Mehlbutter (Butter und Mehl zu gleichen Teilen verknetet)
50 g geschlagene Sahne
60 g Brennessel
60 g Kerbel

Den Weißwein auf etwa die Hälfte reduzieren, mit Fischfond und Sahne auffüllen. Aufkochen, mit Mehlbutter etwas binden, zur Hälfte einkochen und auf zwei kleinere Töpfe verteilen.

Die Brennesseln und den Kerbel getrennt in Salzwasser blanchieren, in Eiswasser abkühlen, abschütten und gut ausdrücken. In die beiden vorbereiteten Töpfe mit der Fischsauce geben und 2 - 3 Min. köcheln lassen. Im Mixer pürieren, passieren und abschmecken. Vor dem Servieren die geschlagene Sahne zugeben und kräftig mit einem Pürierstab aufschäumen.

Tipp: Um einen stabilen Schaum zu erhalten, darf die Sauce nicht zu dick sein. Notfalls mit etwas Fischfond verdünnen.

Anrichten

Brennessel- und Kerbelsauce auf vorgewärmten Tellern wie auf der Abbildung verteilen und mit einem Holzstäbchen die dekorativen Schlieren ziehen. Darauf die Meeresfrüchte und den Forellenkaviar anrichten. Mit frischen Kräutern garnieren.

Weinempfehlung:
Sauvignon blanc oder kräftiger Chardonnay

S. 21

GRÜNE KIWIGRÜTZE MIT EIERLIKÖRCREME

Für 4 Personen

Grüne Kiwigrütze

1 Orange, unbehandelt
1 Zitrone, unbehandelt
2 EL Honig (oder Zucker)
50 ml Riesling
1/4 l Apfelsaft
2 Kiwis
1/2 Vanilleschote (Mark)
20 g Speisestärke
3 Blatt Gelatine

Einlage

120 g Stachelbeeren
120 g Trauben grün, klein und süß
2 Kiwis, in Scheiben geschnitten

Orange und Zitrone mit heißem Wasser abwaschen, die Schale fein abreiben, den Saft auspressen.

Den Honig/Zucker mit dem Saft und der geriebenen Schale karamelisieren, mit dem Riesling ablöschen und mit dem Apfelsaft auffüllen. Die geschälten, in Stücke geschnittenen Kiwis und das Mark der Vanilleschote zugeben, einmal aufkochen, ganz kurz (die Kiwikerne werden sonst sehr schnell bitter) aufmixen, mit der angerührten Speisestärke und der eingeweichten Gelatine abbinden.

Als dekorative Einlage Stachelbeeren, Trauben und Kiwischeiben verwenden. Entweder in Portionsgläser oder in eine große Glasschüssel füllen und über Nacht auskühlen lassen.

Eierlikör-Creme

200 g Creme fraiche
120 g Eierlikör

Beide Zutaten gut verrühren und zur Kiwigrütze reichen.

Weinempfehlung:
Riesling Auslese aus Österreich

CALLA-VASEN

✶ Grüne Calla
✶ Grüne Nelken
✶ Pandanusblätter
✶ Solanum melungena (»Pig Face«)
✶ Limonen
✶ Exotische Früchte in Grün (z. B. Pandanusfrüchte, Avocados, Cucumis, Sternfrüchte)

Calla sind in den letzten Jahren in der Hitliste der Blumen ganz nach oben gewandert. Diese grüne Sorte ist allerdings weniger bekannt und meist nicht vorrätig, deshalb rechtzeitig beim Blumenhändler bestellen.

Calla und Nelken mit den Pandanusblättern schlicht in langen Glasvasen anordnen. Einige Zweige »Pig Face« dazwischenstecken. Die hohen Vasen zusätzlich mit halbierten Limonen füllen. Das Wasser spätestens nach etwa 4 Tagen erneuern, sonst wird es unansehnlich trüb.

Die exotischen Früchte dektorativ um die Vasen verteilen.

NELKENKÄSTEN

✶ Grüne Nelken
✶ Hellgrüne Steckschwämme
✶ Kleine rechteckige Glasschalen

Steckschwämme zurechtschneiden, in die Glasschalen einpassen und wässern. Die Nelken bis einige Zentimeter unter die Blüte kürzen und dicht nebeneinander in die Blöcke stecken.

S. 30

WILDKRÄUTERSALAT MIT BLÜTEN UND HASELNUSS-VINAIGRETTE

Für 4 Personen

200 g Wildkräuter je nach Saison

z. B. Rucola, Minze, Löwenzahn, Portulak, Estragon, Wiesenkerbel, Giersch, Pimpinelle, Basilikum rot und grün, Sauerampfer, Kresse bunt

40 g Blüten je nach Saison

z. B. Begonien, Hornveilchen, Borretsch, Schnittlauchblüte, Kapuzinerkresse, Gänseblümchen, Salbeiblüten

Wan Tan-Gitter

- 4 Blatt Wan Tan-Teigblätter (in guten Asialäden erhältlich)
- 1 Eiweiß
- 1 EL Öl

Die Wan Tan-Teigblätter in ca. 1 cm breite Streifen schneiden (ein Blatt ergibt ca. 8 Streifen). Ein Backblech einfetten, jeweils 4 Wan Tan-Streifen im Abstand von 1 cm auflegen und mit Eiweiß einpinseln. Weitere 4 Streifen gitterartig darüber legen und etwas andrücken.

Im vorgeheizten Backofen bei starker Oberhitze goldgelb backen. Nach dem Herausnehmen vorsichtig mit einer Spachtel vom Blech nehmen und auskühlen lassen.

Haselnuss-Vinaigrette

- 3 EL Geflügelfond
- 3 EL Weißweinessig
- 2 TL Zucker
- 1 TL Dijonsenf
- Salz, Pfeffer
- 50 ml Sonnenblumenöl
- 50 ml Haselnussöl

Alle Zutaten gut verrühren und zum Schluß das Öl langsam zugeben.

Weinempfehlung:
Weißwein mit milder Säure wie etwa "Viognier" oder "Roero Arneis"

S. 31

SPARGELTERRINE MIT SCHLÜSSELBLUMEN

Für 4 Personen

Spargelmousse

- 1/2 l Wasser
- 100 ml Weißwein
- 1/2 Zitrone (Saft)
- 1 gestr. EL Zucker
- 1/2 TL Salz
- 200 g Spargel (geschält und in Stücke geschnitten)
- 3 ½ Blatt Gelatine
- 200 g geschlagene Sahne

Wasser, Weißwein, Zitronensaft, Zucker und Salz aufkochen, Spargelstücke dazugeben und auf kleiner Flamme kochen, bis nur noch 1/3 der Flüssigkeit vorhanden ist. Alles im Mixer gut pürieren und passieren. (Es müssen 200 ml Spargelfond übrig bleiben).

Eingeweichte und gut ausgedrückte Gelatine in den heißen Fond geben und im Eiswasserbad unter mehrmaligem Rühren abkühlen. Kurz bevor die Masse bindet, die steif geschlagene Sahne vorsichtig unterheben und nochmals mit Salz und Cayenne-Pfeffer abschmecken.

Spargelgelee

- 600 ml kräftiger, klarer Spargelfond
- 11 Blatt Gelatine

Im kalten Wasser eingeweichte und gut ausgedrückte Gelatine im heißen Spargelsud auflösen und abkühlen.

Man benötigt 250 ml Gelee für den Mantel, 200 ml Gelee für die Einlage und 150 ml zum Verschließen der Terrine.

Einlage

- 140 g Spargel grün (gekocht, ohne Köpfe)
- 200 g Spargel weiß (gekocht, ohne Köpfe)
- 50 g Tomatenwürfel (blanchiert, ohne Haut und Kerne)
- 1 EL Kerbel gehackt

Zusammensetzen der Terrine:
(Form L/25 cm, B/8 cm H/7 cm)

Für den Mantel ein Blech (mindestens 20 x 25 cm) mit Klarsichtfolie auslegen, mit 250 ml flüssigem Spargelgelee ausgießen und abkühlen. Wenn das Gelee fest ist, mit Spargelmousse 1 cm hoch bestreichen und wiederum im Kühlschrank fest werden lassen. Mit dieser Masse (inkl. Klarsichtfolie) wird die Terrinenform ausgelegt, die Spargeleinlage, Tomatenwürfel und Kerbel sauber eingeschichtet, und mit 200 ml Gelee bis ca. 1 cm unter dem Rand aufgefüllt.

Wenn alles gut durchgekühlt ist, mit Spargelmousse bestreichen, nochmals gut kühlen und mit dem restlichen Spargelgelee verschließen.

Wichtig: Diese Terrine sollte unbedingt am Vortag zubereitet werden. Gut durchgekühlt lässt sie sich problemlos mit einem elektrischen Sägemesser portionieren.

Tipp: Aus 200 g Crème fraîche, Saft und abgeriebener Schale einer unbehandelten Limone, Salz und weißem Pfeffer eine Sauce rühren und zur Spargelterrine reichen.

Weinempfehlung:
Weißburgunder oder Grüner Silvaner

S. 34

LAMMRÜCKEN MIT BLÜHENDEN GEWÜRZSTRÄUSSCHEN, PEPERONATA UND ROSMARINKARTOFFELN

Für 4 Personen

Lammrücken

- 600 g Lammrücken ausgelöst
- 50 ml Öl
- Salz, Pfeffer
- 1 TL Dijonsenf
- 200 ml Lammsauce (Rezept S. 184)

Lammrücken salzen und pfeffern, in Öl anbraten und im auf 180°C vorgeheizten Ofen ca. 10 - 12 Min. rosa braten. Anschließend das Fleisch gut ruhen lassen.

Kruste zum Überbacken

- 200 g Butter

je 2 Schalotten und Knoblauchzehen geschnitten
200 g Toastbrotbrösel (Mie de pain)
2 EL gehackte Kräuter (Petersilie, Kerbel, Rosmarin, Thymian)
100 g Schafskäse
Salz, Pfeffer

Alle Zutaten für die Kruste gut vermischen. Den Braten leicht mit Dijonsenf bestreichen, mit der Kruste bedecken, kurz überbacken und warm stellen.

Vor dem Servieren mit blühenden Gewürzsträußchen dekorieren.

Rosmarinkartoffeln

4 Kartoffeln mittelgroß, festkochend
je 1 Schalotte und Knoblauchzehe
100 g Butter
200 ml Brühe
Salz, Pfeffer
4 Zweige Rosmarin

Kartoffeln schälen und vierteln. Eine gebutterte feuerfeste Form mit den fein geschnittenen Schalotten und Knoblauch bestreuen, Kartoffelviertel und Rosmarinzweige daraufschichten, salzen, pfeffern, mit weicher Butter bestreichen und mit der Brühe angießen. Bei 180°C ca. 30 - 40 Min. im Backofen garen. Von Zeit zu Zeit mit weicher Butter bestreichen.

Peperonata

Je 1/2 Paprikaschote rot, grün und gelb
1 vollreife, große Tomate
1 mittelgroße Zwiebel
1 Knoblauchzehe
3 EL Olivenöl
3 EL Balsamico-Essig
1 TL Zucker
Salz, Pfeffer
1 Zweig Thymian

Die Paprikaschoten halbieren, die Haut leicht einritzen, mit der Hautseite nach oben auf ein Blech legen. Bei starker Oberhitze 10 - 15 Min. backen, herausnehmen und mit einem feuchten Tuch abdecken. Nach kurzer Zeit die Haut abziehen und in grobe Stücke schneiden. Die Tomate blanchieren, häuten, halbieren, von den Samen befreien und in Würfel schneiden.

Das Öl in einer Pfanne erhitzen, fein geschnittene Zwiebel und Knoblauch darin glasig dünsten, Paprika dazugeben und 5 Min. mitdünsten. Die Tomaten untermischen und mit dem Essig ablöschen. Mit Salz, Pfeffer und Zucker würzen und zugedeckt bei geringer Hitze 20 - 30 Min. schmoren.

Weinempfehlung:
Cabernet Sauvignon, z. B. Bordeaux

S. 35

BUTTERMILCH-MOUSSE MIT VEILCHEN

Für 4 Personen

Mousse

180 g Buttermilch
70 g Zucker
2 Blatt Gelatine
1 Zitrone, unbehandelt
2 Limonen, unbehandelt
180 g geschlagene Sahne

Die Schale von Zitrone und Limonen fein abreiben, den Saft auspressen. Die Buttermilch mit dem Zucker und der Schale von Zitrone und Limonen verrühren.

Die Blattgelatine in kaltem Wasser einweichen, anschließend mit dem Zitronen- und Limonensaft leicht erwärmen und in die Buttermilch rühren.

Die Schüssel in ein Eiswasserbad stellen und die Masse etwas anziehen lassen.

Danach die geschlagene Sahne vorsichtig und gleichmäßig unterheben, im Kühlschrank ca. 3 - 4 Stunden kaltstellen.

Schokoladenblätter

250 g dunkle Kuvertüre
50 g weiße Schokolade

Kuvertüre in kleine Stücke schneiden und in einer Schüssel im Wasserbad vorsichtig schmelzen lassen.

Backpapierbögen mit der Kuvertüre sehr dünn einstreichen, mit weißer Schokolade ein feines Muster aufspritzen und anziehen lassen. Mit einem scharfen Messer die Kuvertüre in 20 Quadrate schneiden, solange sie noch nicht ganz hart ist.

Anrichten

Schokoladenblätter und Mousse abwechselnd aufeinander schichten.

Mit Veilchenblüten, Limonen- und Orangenzesten und mit Zucker und Grand Marnier marinierten Himbeeren dekorieren.

Weinempfehlung:
nicht zu schwerer roter Süßwein, z. B. Spätburgunder Auslese, oder Weißherbst Eiswein

SERVIETTENSCHMUCK

✶ Schlüsselblumen
✶ Sisalwatte
✶ Golddraht
✶ Orchideenröhrchen
✶ Efeu oder Galaxblätter
✶ Kautschukband

Schlüsselblumen als kleinen Strauß in ein wassergefülltes Orchideenröhrchen stecken. Das Röhrchen mit Kautschukband verschließen, mit feiner Sisalwatte umhüllen, ein Efeublatt um die Mitte des Päckchens wickeln und mit Golddraht dekorativ befestigen.

STREUBLUMEN

✶ Veilchen
✶ Stiefmütterchen
✶ Calendula
✶ Kapuzinerkresseblüten

Eignen sich besonders gut als Streublumen auf dem Tisch, weil sie viele Stunden ohne Wasser frisch aussehen.

ESSBARE BLÜTEN

Rosen, Nelken, Calendula (Ringelblumen), Pelargonien, Geranien, Kapuzinerkresse, Schlüsselblumen, Stiefmütterchen, Veilchen, Gänseblümchen, Bellis (gefüllte Kulturgänseblümchen), Begonien, Sonnenblumen, Indianernessel, Stockmalve, Holunderblüten, Akazienblüten, Alchimillablüten (Frauenmantel), Süßdolde, Ochsenzunge, Taglilie, Zucchiniblüten

Kräuterblüten: z. B. Borretsch, Thymian, Lavendel, Schnittlauch, Minze, Rosmarin, Fenchel, Dill, Oregano, Ysop.

Achten Sie bitte darauf, ungespritzte Ware zu verwenden, am besten natürlich aus dem eigenen Garten. Inzwischen haben aber auch Gärtner und Gemüsehändler den Trend erkannt und bieten immer öfter essbare Blütenraritäten an.

S. 43

GELIERTES OSTEREI

Für 4 Personen

- 4 Eier
- 80 g Shrimps (gekocht)
- 50 g Gemüsewürfel (Karotte, Lauch und Sellerie)
- Salz, Pfeffer, Zitronensaft
- 50 g Brühe oder Fischfond
- 1 Blatt Gelatine
- ca. 300 g geputzte gemischte Blattsalate der Saison
- frische Kräuter
- 100 g Balsamicodressing
- Je ein Stück Wassermelone rot und gelb

Von den rohen Eiern einen Deckel abschneiden, das Eiweiß und Eigelb herausschütten, mit heißem Wasser auswaschen, die Innenhaut entfernen.

Das Gemüse in feine Würfel schneiden. Jede Sorte einzeln blanchieren (kurz in Salzwasser kochen und in Eiswasser abschrecken), damit die Gemüsewürfel ihre schöne Farbe behalten.

Die Shrimps mit Salz, Pfeffer und etwas Zitronensaft würzen, auf einem Küchentuch gut abtropfen lassen.

Brühe oder Fischfond mit Salz, Pfeffer und dem Zitronensaft abschmecken, die aufgelöste Gelatine dazugeben.

Die ausgewaschenen Eierschalen in einen Eierkarton stellen, mit den Shrimps, den Gemüsewürfeln und der Brühe füllen. Im Kühlschrank 3 - 4 Stunden durchziehen lassen.

Aus jedem Stück Wassermelone mit einem Ausstecher je ca. 24 Kugeln ausstechen.

Blattsalate und Kräuter auf einem Vorspeisenteller anrichten und mit Balsamicodressing marinieren.

Die gefüllten Eier vorsichtig aus den Schalen befreien und in der Mitte des Salatbetts platzieren. Mit den Melonenkugeln garnieren.

Weinempfehlung:
Pinot Grigio oder Chablis

S. 43

ENTENESSENZ MIT GEMÜSE

Für 4 Personen

Entenessenz

- 1 l Entenfond (Rezept S. 184)
- 300 g Entenfleisch (Schenkel) oder mageres Rindfleisch
- 100 ml Wasser
- 50 g Karotten
- 30 g Sellerie
- 30 g Tomaten
- 50 g Lauch
- 1 Zwiebel (nur die Schale)
- 1 kleines Stück Ingwer
- 2 Eiweiß
- 1 Rosmarinzweig
- 3 weiße Pfefferkörner
- 2 cl Sherry trocken

Enten- oder Rindfleisch durch die grobe Scheibe des Fleischwolfs drehen, Gemüse in kleine Würfel schneiden. Fleisch, Gemüse, Ingwer, Eiweiß, Gewürze, Zwiebelschale und Wasser kräftig verrühren und mindestens 1 Std. im Kühlschrank ruhen lassen.

Die gekühlte Masse mit dem Entenfond in einen Topf geben und gut vermischen. Unter vorsichtigem Rühren langsam aufkochen (nach dem Aufkochen nicht mehr rühren).

1 Std. bei kleiner Flamme leicht köcheln lassen. Die mittlerweile gebundenen Trübstoffe abschöpfen. Suppe sorgfältig durch ein Tuch passieren, abschmecken und nach Geschmack mit Sherry verfeinern.

Einlage

Verschiedene Gemüse nach Wunsch, z. B. Karotten, Lauch, Zuckerschoten, Kohlrabi und Tomaten.

Das Gemüse klein schneiden, in Salzwasser gut aufkochen und in Eiswasser abkühlen.

S. 44

LAMMKEULE MIT FRISCHEN KRÄUTERN UND KARTOFFELPILZEN

Für 4 Personen

Lammkeule

- 1 Lammkeule ca. 1,0 - 1,2 kg (vom Metzger küchenfertig zubereiten lassen)
- 100 g frische Kräuter (Rosmarin, Thymian, Majoran, Bohnenkraut)
- 2 EL Öl
- 3 Knoblauchzehen
- Salz, Pfeffer
- 200 ml Lammsauce (Rezept S. 184)

Lammkeule mit Salz und Pfeffer würzen und in einer Pfanne in Öl auf beiden Seiten anbraten. Einen Bräter (flache Pfanne) mit den Kräutern und dem Knoblauch auslegen, die Lammkeule daraufsetzen und im vorgeheizten Backofen bei 180°C ca. 35 - 40 Min. rosa braten.

Tipp: Ein Fleischthermometer an der dicksten Stelle der Keule bis zur Mitte einstechen und bei einer Kerntemperatur von 60°C aus dem Ofen nehmen.

Kartoffelpilze

- 8 Kartoffeln à 80 - 100 g (fest kochend)
- 3 Schalotten, fein geschnitten
- 2 Knoblauchzehen, fein gehackt
- 120 g Butter
- 300 ml Brühe
- 2 - 3 Zweige Rosmarin
- Salz, Pfeffer

Eine feuerfeste Form mit 70 g weicher Butter ausstreichen, Schalotten, Knoblauch und Rosmarin darin verteilen, salzen und pfeffern. Aus gleichmäßigen, ovalen Kartoffeln Pilze tournieren (den Pilzhut ungeschält lassen), auf die Kräuter setzen und mit 200 ml Brühe angießen.

Bei 180°C in den vorgeheizten Backofenschieben und ca. 40 - 45 Min garen.

Wenn nötig, noch etwas Brühe nachgießen. Alle 10 Minuten mit flüssiger Butter überpinseln.

Nadelprobe: Kurz vor Ende der Garzeit mit einer Nadel prüfen, ob die Kartoffeln weich sind.

Weinempfehlung:
Kräftige Rotweine mit Röstaromen in Barrique ausgebaut, Bordeaux oder Toskana

S. 47

OSTERFLADEN MIT ERDBEER-RHABARBER-MARMELADE

Für 4 Personen

Ansatz

30 g Milch
10 g Hefe
35 g Mehl Type 550

Die Milch in einem flachen Topf handwarm erwärmen, mit etwas Zucker und der Hefe darin anrühren. Das gesiebte Mehl in die Milch einarbeiten, die Oberfläche mit etwas Mehl bestäuben, mit einem feuchten Handtuch bedecken und an einem warmen Ort gehen lassen.

Osterfladenteig

80 g Mehl Type 550
60 g weiche Butter
25 g Zucker
1 Prise Salz
Etwas geriebene Zitronen- und Orangenschale (unbehandelt)
1/2 Vanilleschote (Mark)
1 Msp Stollen- oder Lebkuchengewürz
1 Ei
1 Eigelb

Das Mehl in eine Schüssel sieben, den Ansatz, die weiche Butter, alle Gewürze und die Eier zugeben und gut glatt kneten.

Mit einem feuchten Tuch zudecken und gehen lassen.

50 g Mehl
30 g warme Milch

Zugeben und glatt arbeiten.

70 g Rosinen
65 g geschälte Haselnüsse
25 g Zitronat, fein gehackt
25 g Orangeat, fein gehackt
30 g Mehl

Alle Zutaten miteinander vermischen und in den Hefeteig einarbeiten, nochmals zugedeckt gehen lassen.

Den fertigen Teig zu einem runden Fladen formen. Auf ein mit Backpapier belegtes Blech legen und ein weiteres Mal zugedeckt an einem warmen Ort (ca. 40°C) gehen lassen. Mit einem scharfen Messer rautenförmig einschneiden.

Zum Bestreichen:

1 Eigelb
40 g Sahne

Eigelb mit der Sahne verrühren und den Osterfladen damit bestreichen. Im vorgeheizten Backofen bei 180°C ca. 25 bis 30 Minuten backen.

In noch warmem Zustand mit flüssiger Butter bepinseln, zum Schluss mit gehobelten Mandeln bestreuen.

Erdbeer-Rhabarber-Marmelade

600 g frische Erdbeeren
400 g Rhabarber
1 Orange, unbehandelt
1 Zitrone, unbehandelt
100 g Honig oder Zucker
Schuss Rotwein
1/2 Vanilleschote (Mark)
450 g Gelierzucker

Orange und Zitrone mit heißem Wasser abwaschen, die Schale fein abreiben, den Saft auspressen.

Den Zucker mit dem Saft und der geriebenen Schale karamelisieren. Mit einem Schuss Rotwein ablöschen.

Die Erdbeeren waschen, entstielen und klein schneiden. Die Rhabarberstangen schälen und in 1/2 cm dicke schräge Stücke schneiden. Die Früchte mit dem Vanillemark und dem Gelierzucker zum Karamelansatz geben. Alle Zutaten zusammen aufkochen.

Den Topf von der Kochstelle nehmen und die Erdbeermarmelade noch heiß randvoll in vorbereitete Gläser füllen.

Weinempfehlung:
Champagner

EIERKRANZ

- ✶ Styroporkranz als Unterlage
- ✶ Sisalwatte
- ✶ Ausgeblasene Eier
- ✶ Sprühkleber

Zunächst Sisalwatte auf die Unterlage kleben. Danach die Eier befestigen. Einige Zeit stehen lassen, bis der Kleber fest geworden ist.

FRÜHLINGSSTRAUSS

- ✶ Glasvase (in passender Größe für den Eierkranz)
- ✶ Zweige von Birke oder andere zarte Frühlingszweige
- ✶ Tulpen gelb und orange
- ✶ Freesien in Lila
- ✶ Asparagus plumosus

Zweige auf passende Länge schneiden. So in der Vase anordnen, dass eine Gitterstruktur entsteht. In diesem Geflecht lassen sich die Blumen gut arrangieren.

Eventuell den Vasenrand ebenfalls mit Sisalwatte dekorieren.

S. 69

ANTIPASTI

Für 4 Personen

- je 2 Paprika rot und gelb
- 2 Zucchini (grün oder gelb)
- 8 marinierte Artischockenherzen
- 4 große Oliven
- 1 Knoblauchzehe
- Salz, Pfeffer, Olivenöl
- 4 getrocknete Tomaten
- 12 eingelegte Pilze
- 4 eingelegte Zwiebeln
- 4 Cocktailtomaten
- 20 g Parmesanspäne
- 2 EL Pesto (Rezept S. 184)
- frische Kräuter (Basilikum, Rosmarin, Thymian) zur Dekoration

Marinierte Paprika

Die Paprikaschoten halbieren, die Haut leicht einritzen, mit der Hautseite nach oben auf ein Blech legen. Bei sehr starker Oberhitze 10 - 15 Min. backen, herausnehmen und mit einem feuchtem Tuch abdecken. Nach kurzer Zeit die Haut abziehen, auf eine Platte legen, salzen und pfeffern, mit gutem Olivenöl beträufeln und mindestens 1 Std. marinieren.

Marinierte Zucchini

Zucchini der Länge nach in 5 mm dicke Streifen schneiden. In einer Grillpfanne Olivenöl erhitzen, angedrückte Knoblauchzehe und 1 Zweig Rosmarin dazugeben und darin die Zucchinistreifen auf beiden Seiten bissfest grillen. Salzen und pfeffern, auf einer Platte auskühlen lassen.

Antipastitörtchen

Das fertig marinierte Gemüse schichtweise in einen Metallring (Haushaltwarengeschäft) von ca. 7 - 8 cm Durchmesser einfüllen, gut pressen und kühl stellen.

In kleine Tortenstücke schneiden und zusammen mit den restlichen Zutaten auf einem großen Teller arrangieren.

Weinempfehlung:
Kräftiger Franciacorta, Dolcetto oder trockener hochwertiger Lambrusco

S. 70

GAZPACHO

Für 4 Personen

Suppe

- 250 ml Tomatensaft
- 6 reife Fleischtomaten
- 2 Knoblauchzehen
- 150 ml gutes Olivenöl
- 1 Zitrone (Saft)
- Salz, Pfeffer
- Basilikum, kleingeschnitten
- Zucker

Tomatensaft, Tomaten und den Knoblauch roh mixen und passieren. Das Olivenöl einrühren und mit Zitronensaft, Salz, Pfeffer, Basilikum und etwas Zucker abschmecken.

Einlage

- 1/4 Stangensellerie
- 1/2 Gurke ohne Kerne
- 2 Fleischtomaten, abgezogen und entkernt
- 1 rote Zwiebel
- Je 1/3 Paprika rot, gelb und grün, geröstet ohne Haut

Alle Gemüse in feine Würfel schneiden und mit Olivenöl, Salz, Pfeffer und Basilikum marinieren. Am besten separat in einzelnen Schälchen zur Suppe anbieten. So kann sich jeder Gast seine Einlage nach Geschmack zusammenstellen.

Garnitur (nach Belieben)

- 4 große Garnelen
- Knoblauch und Kräuter
- 1 EL Basilikumöl oder Olivenöl
- 12 kleine Basilikumblätter
- 4 Crostini (Weißbrotscheiben)
- 4 EL Pesto (Rezept S. 184)

Garnelen mit Knoblauch und Kräutern in Olivenöl anbraten. Die Crostini von beiden Seiten rösten und mit Pesto bestreichen. Garnelen, Basilikumöl und -blätter in den Gazpacho geben, Crostini dazu reichen.

Weinempfehlung:
Fino Sherry oder Montilla

S. 71

DORADE VOM GRILL AUF WILDEM FENCHEL UND LORBEER

Für 4 Personen

Dorade

- 4 Doraden (Royale) à 300 - 350 g
- 16 - 20 Lorbeerblätter frisch
- 50 g wilder Fenchel getrocknet
- Meersalz grob
- Pfeffer
- 100 ml Olivenöl

Von den Doraden die Schuppen und Flossen entfernen (vom Fischhändler vorbereiten lassen). 4 - 5 x quer ca. 5 mm tief einschneiden, mit Meersalz und Pfeffer würzen und Lorbeerblätter in die Einschnitte stecken.

Auf einem Backblech den wilden Fenchel verteilen, die Doraden darauf legen, mit Olivenöl beträufeln und im vorgeheizten Backofen je nach Größe 8 - 12 Min. bei 200°C grillen oder braten.

Olivenkartoffeln

- 400 g Kartoffeln festkochend
- Gemüsefond
- 40 g Kapern
- 40 g schwarze Oliven in Streifen geschnitten
- 40 g Tomatenwürfel
- Salz und Pfeffer
- Olivenöl

Kartoffeln schälen, würfeln und im Gemüsefond knapp garen. Olivenöl in einer Pfanne erhitzen, die vorgegarten Kartoffeln zugeben und fertigbraten.

Kapern, Oliven und Tomatenwürfel zugeben, alles gut durchschwenken.

Zusatz-Tipp: Fenchel-Sternanis-Nage

100 ml Fischfond (aus dem Glas)
100 ml Sahne
50 ml Kalbsfond
2 Sternanis
100 g Fenchel frisch

Alles zusammen aufkochen, zur Hälfte reduzieren, passieren und gut aufschäumen.

Separat zu Fisch und Kartoffeln reichen.

Weinempfehlung:
Kräftiger weißer Barriquewein, Chardonnay

S. 73

ZITRONENTARTE

Für 4 Personen

Mürbteig

230 g Mehl
75 g Zucker
1 Prise Salz
150 g weiche Butter
1 Eigelb

Mehl, Zucker und Salz auf ein Backbrett sieben, in die Mitte eine Mulde drücken, Butter und Eier hineingeben. Butter und Eier etwas vermischen, mit einem Spatel das Mehl und die Butter-Eier-Mischung zu einem Teig verarbeiten. Wenn nötig, etwas Wasser dazugeben, damit der Teig zusammenhält.

Zu einer Kugel formen, in Folie einschlagen und etwa 30 Min. im Kühlschrank ruhen lassen.

Danach den Mürbteig ausrollen, in eine gefettete und bemehlte Pizza-Backform geben, mit Backpapier belegen und mit Linsen o. ä. beschweren.

Im vorgeheizten Ofen bei 165°C ca. 10 Min. vorbacken. Danach unbedeckt nochmals ca. 10 Min. goldgelb backen.

Zitronenfüllung

1 Limone, unbehandelt geriebene Schale und Saft
3 Zitronen, unbehandelt, Saft und von 2 Stück die Schale
1 Orange (Saft)
3 Eier
1 Eigelb
150 g Crème fraîche
150 g Zucker
1 TL Vanillepuddingpulver

Saft und Schale von Limonen, Zitronen und Orangen mit der Crème fraîche verrühren. Eigelb und Eier nacheinander zugeben. Damit keine Klumpen entstehen, verrührt man das Puddingpulver zuerst mit dem Zucker und gibt es anschließend zu der Masse.

100 g heiße Aprikosenmarmelade
Süße Brösel

Den vorgebackenen Mürbteigboden in der Backform lassen und mit der Aprikosenmarmelade ausstreichen. Mit süßen Bröseln bestreuen und die Zitronenmasse einfüllen.

Ein tiefes Backblech zur Hälfte mit heißem Wasser füllen und in den auf 150°C vorgeheizten Ofen schieben. Die gefüllte Backform ins Wasser stellen und in diesem Wasserbad ca. 30 Min. pochieren.

Vorsichtig aus dem Wasserbad nehmen und auskühlen lassen. Erst jetzt aus der Form nehmen, in Stücke schneiden.

Auf Tellern anrichten und mit Himbeersauce (Rezept S. 184) und frischen Himbeeren garnieren.

Weinempfehlung:
Moscato d'Asti

TISCHDEKORATION

✶ Tontöpfchen
✶ Steckschwamm
✶ Orchideengläser
✶ Verschiedene Gemüse und Früchte
✶ Ranken und Blätter z. B. Passionsblume, Wein, Clematis
✶ Grüne Bohnen
✶ Gräser

Die Tontöpfchen mit Steckschwamm füllen, Früchte und Gemüse darauflegen oder mit Holzstäbchen anspießen und in der Steckbasis befestigen.

Orchideenröhrchen mit Wasser füllen und verschließen, Ranken hineinstecken und ebenfalls im Steckschwamm befestigen.

Bohnen mit elastischen Gräsern zu Bündeln zusammenwickeln.

Die Tontöpfchen, Ranken, Gemüse und Früchte auf dem Tisch zu einem lockeren Bild arrangieren.

FRÜCHTE-TROG

Der alte Steintrog ist ein besonders schöner Behälter für die leuchtenden Früchte des Südens. Alternativ eignet sich dafür auch eine Terracottaschale.

Das Gefäß mit Steckschwamm bis etwa 5 cm unter den Rand füllen. Strauchtomaten, Bohnen, Artischocken und Früchte großzügig arrangieren. Ranken wie die auf dem Bild verwendeten Passionsblumen brauchen zur Wasserversorgung ein großes Orchideenröhrchen, das zwischen die Früchte gesteckt wird.

Zum Schluss mit kleinen Früchten wie etwa Kumquat die Zwischenräume in der Schale abdecken, so dass kein Steckschwamm mehr zu sehen ist.

S. 84/85

HIPPEN-BRICKSCHALE MIT ROSENBLÜTEN-WILDKRÄUTERSALAT

Für 4 Personen

Wildkräutersalat

160 g Wildkräuter, je nach Saison: Minze (wichtig), Rucola, Löwenzahn, Portulac, Roter Senf (Sprossen), Romana jung, Rote Bete-Blätter jung, Spinat jung, Wiesenkerbel, Giersch, Pimpinelle, Sauerampfer, Schnittlauch
2 Rosen (biologischer Anbau)

Hippenbrickschale

4 Brickteig- oder Strudelteigblätter
1 EL Öl

Brickteig mit Öl einpinseln, eine feuerfeste Schale mit ca. 12 cm Durchmesser damit auslegen, im Ofen bei 180°C goldgelb backen. Den Brickteig noch heiß von der Schale nehmen und auskühlen lassen.

Vinaigrette (Rezept S. 184)

Cassisdressing

7 EL Cassismark (ersatzweise tiefgekühlte gemischte Beeren, püriert und passiert)
2 EL Weißweinessig
1 EL Himbeeressig
2 EL Weißwein
2 EL Geflügelfond
Salz, Pfeffer
6 EL Sonnenblumenöl

Cassismark mit Essig, Weißwein und Fond verrühren, mit Salz und Pfeffer abschmecken. Zuletzt das Öl unterrühren.

Anrichten: Wildkräutersalat mit Vinaigrette vermischen, in die Hippenschalen einfüllen, Cassissauce dekorativ darüberträufeln.

Tipp: Brickteigblätter gibt es in griechischen oder türkischen Läden zu kaufen.

Weinempfehlung:
Eleganter Rosé mit Finesse

S. 87

LACHSROSE MIT GEBRATENEN ARTISCHOCKEN

Für 4 Personen

Lachsrose

8 Scheiben frischgeräuchertes Lachsfilet
Zitronensaft

Mit Zitronensaft beträufeln, pro Person 2 Lachsscheiben aufrollen und zu einer Rose formen.

Fisch-Nage
(Schaum vom konzentrierten Fischfond)

100 ml Fischfond (aus dem Glas)
100 ml Sahne
Salz, Pfeffer

Fischfond und Sahne zur Hälfte einkochen, würzen und vor dem Servieren gut aufschäumen (Milchschäumer).

Artischocken

4 kleine Artischocken
1 Knoblauchzehe
1 Schalotte
50 ml Weißwein
50 ml Olivenöl
1 EL Butter
Salz, Pfeffer
1/2 Zitrone
1 TL Ascorbinsäure (Vitamin C, gibt es in jeder Apotheke)
500 ml Wasser
1 EL Tomatenwürfel
1 TL Petersilie gehackt

Von den Artischocken die äußeren Blätter entfernen, 8 Blätter für die Dekoration aufbewahren. Danach das obere Drittel mit einem Sägemesser abschneiden. Den Artischockenstiel bis zum Boden dünn schälen, bis das weiße Fleisch sichtbar wird. Mit der Zitrone gut einreiben.

Das Heu im Inneren mit einem Löffel entfernen. Ascorbinsäure in Wasser auflösen und die geputzten Artischocken darin einlegen, damit sie schön weiß bleiben.

Tipp: Kann man gut vorbereiten.

Anschließend die Artischocken in dünne Scheiben schneiden.

Die Artischockenscheiben in einer Pfanne mit Olivenöl und Butter anbraten. Gehackten Knoblauch und Schalotten dazugeben, salzen, pfeffern, mit Weißwein ablöschen und knackig garen. Zum Schluss 1 EL Tomatenwürfel und gehackte Petersilie untermischen.

Kartoffelwürfel

400 g Kartoffelwürfel roh 10 x 10 mm
Grobes Meersalz
Pfeffer
Rosmarin
Olivenöl

Kartoffelwürfel auf einem mit Backpapier ausgelegten Backblech verteilen. Grobes Meersalz, Pfeffer, Rosmarin (großzügig) und Olivenöl darüber verteilen. Ca. 20 Min. bei 200°C im Backofen garen.

Weinempfehlung:
Chardonnay

S. 88

KALBSFILETPAKET AUF ROTE-BETE-RISOTTO

Für 4 Personen

Kalbsfiletpaket

4 Kalbsfilet-Medaillons à 80 - 90 g
2 Strudelteigblätter
50 ml Pflanzenöl
Salz, Pfeffer
150 ml Kalbsfond (Rezept S. 184)

Die Kalbsmedaillons salzen und pfeffern. In einer Pfanne mit etwas Öl beidseitig kurz anbraten und auskühlen lassen.

Strudelblätter halbieren, gut mit Öl einpinseln, das Kalbsfilet darauf legen und locker einschlagen. Das Päckchen nochmals mit Öl einpinseln, mit der eingeschlagenen Seite nach unten auf ein mit Backpapier ausgelegtes Backblech setzen. Im vorgeheizten Ofen bei 190°C ca. 12 - 13 Min. backen.

Aus dem Rohr nehmen und mindestens 10 Min. ruhen lassen.

Rote-Bete-Risotto

- 200 g Risottoreis
- 250 ml Rote-Bete-Saft
- 100 ml Weißwein trocken
- 250 ml Geflügelfond
- 2 Schalotten fein geschnitten
- 50 ml Olivenöl
- Salz, Pfeffer
- 50 g Butter (kalt)
- 30 g Parmesan gerieben

Für den Risotto die Schalotten in Olivenöl dünsten, den Reis dazugeben und glasieren. Mit Weißwein ablöschen und einkochen lassen.

Nach und nach mit Geflügelfond und Rote-Bete-Saft angießen und unter ständigem Rühren ca. 15 - 20 Min. garen (Reis muss kernig bleiben). Vor dem Servieren die Butterflocken und den Parmesan unterheben und nochmals abschmecken.

Pak Choi-Gemüse

- 4 Pak Choi (Asialaden, möglichst kleine Stücke, ersatzweise Mangold)
- 50 g Butter
- 100 ml Brühe
- Salz, Pfeffer

Den Pak Choi kurz blanchieren. Das Gemüse in einer Pfanne mit etwas Butter andünsten, salzen, pfeffern und 4 - 5 Min. nicht zu weich garen.

Weinempfehlung:
Kräftiger blumiger Rotwein, z. B. Dornfelder, Zinfandel (Primitivo)

S. 91

CHAMPAGNER-SÜPPCHEN MIT BITTER-MANDEL-RAHMEIS

Für 4 Personen

Champagnersüppchen

- 1 Orange, unbehandelt
- 1 Zitrone, unbehandelt
- 1 Limone, unbehandelt
- 2 - 3 EL Honig
- 150 ml Portwein weiß
- 1 kleines Stück Ingwer
- 1/2 Stängel Zitronengras
- 1- 2 Tropfen Rosenwasser
- 0,33 l Champagner
- 3 Blatt Gelatine

Orange, Zitrone und Limone mit heißem Wasser abwaschen, die Schale fein abreiben, den Saft auspressen.

Den Honig mit dem Saft und der geriebenen Schale karamelisieren, mit dem weißen Portwein ablöschen, Ingwer und Zitronengras kurz darin ziehen lassen und wieder herausnehmen. Mit dem Rosenwasser und mit 3/4 vom Champagner abschmecken.

Die eingeweichte und aufgelöste Gelatine zugeben, das Champagnergelee auf Eiswasser kaltrühren, erst vor dem Servieren den restlichen Champagner zugeben.

Bittermandelrahmeis

- 300 g Milch
- 200 g Sahne
- 2 Eier
- 4 Eigelbe
- 75 g Zucker
- 25 g Marzipan
- 60 g geröstete gehobelte Mandeln
- Amaretto
- Mandelmilch
- 2 Tropfen Bittermandelaroma

In einem Topf die Milch und die Sahne mit 2/3 des Zuckers aufkochen.

Eier und Eigelbe mit dem restlichen Zucker verrühren und mit der Sahne-Milch vermischen. Mit dem Schneebesen kräftig schlagen und bis kurz vor dem Siedpunkt erhitzen. Einen Holzkochlöffel in die Creme tauchen. Bleibt der Kochlöffel mit der Creme bezogen und bilden sich beim Anblasen Kringel, ist die Eismasse fertig »zur Rose abgezogen«.

Das Marzipan mit dem Pürierstab einmixen, die gehobelten und gerösteten Mandeln ca. 20 - 30 Min. in der noch heißen Eismasse ziehen lassen, anschließend durch ein feines Sieb passieren. Mit Amaretto, Mandelmilch und 2 Tropfen Bittermandelaroma abschmecken.

Die fertige Eismasse in der Eismaschine gefrieren.

Anrichten: Das Champagnersüppchen eiskalt in eine große Dessertschale geben, eine Eiskugel darin platzieren, mit Rosenblütenblättern garnieren.

Weinempfehlung:
Eleganter Rosenmuskateller aus Südtirol

ROSENTORTE

- ✶ rundes Gefäß
- ✶ Sisalwatte
- ✶ Spanisches Moos (Tillandsia usneoides)
- ✶ Pandanusblätter
- ✶ Rosen
- ✶ Teebaumblüten
- ✶ Weißgrüne Efeublätter
- ✶ Perlen
- ✶ Verschiedene Bänder und Schnüre
- ✶ Kaltkleber
- ✶ Steckschwamm

Große Torte

Ein einfaches rundes Gefäß wird zunächst mit Sisalwatte dünn umwickelt.

Danach die Blätter und Bänder darauf befestigen. Entweder mit Kaltkleber für Blumen oder mit Stecknadeln fixieren.

Das fertig umwickelte Gefäß mit einem Steckschwamm für Frischblumen füllen und wässern. Rosen und Teebaumblüten in Kuppelform stecken. Grüne Rosenblätter dazwischen anordnen.

Perlen mit Kaltkleber auf die Rosenblüten kleben.

Auf einer Tortenplatte mit Efeublättern als Unterlage arrangieren.

Kleine Törtchen

Kleine Würfel oder Zylinder aus Steckschwamm schneiden, wässern, mit Spanischem Moos und Blättern umwickeln.

Rosenstiel kürzen, hineinstecken und Perlen aufkleben.

Auf kleine Glasteller oder Kerzenuntersetzer stellen.

S. 100

INGWERESSENZ MIT MANGO-CROSTINI

Für 4 Personen

Ingweressenz

- 1 l Kalbsfond
- 300 g mageres Rindfleisch
- 100 ml Wasser
- 50 g Karotten
- 30 g Sellerie
- 30 g Tomaten
- 50 g Lauch
- 1 Zwiebel (nur die Schale)
- 2 Eiweiß
- 1 Zweig Rosmarin
- 80 g Ingwerwurzel
- 3 weiße Pfefferkörner

Rindfleisch durch die grobe Scheibe des Fleischwolfs drehen, Gemüse in kleine Würfel schneiden. Fleisch, Gemüse, Ingwer, Eiweiß, Gewürze, Zwiebelschale und Wasser kräftig vermischen und mindestens 1 Std. im Kühlschrank ruhen lassen.

Die gekühlte Masse mit dem Kalbsfond in einen Topf geben und gut vermischen. Unter vorsichtigem Rühren langsam aufkochen (nach dem Aufkochen nicht mehr rühren).

1 Std. bei kleiner Flamme leicht köcheln lassen. Trübstoffe abnehmen und die Suppe sorgfältig durch ein Tuch passieren und abschmecken.

Gemüseeinlage

50 g Lauch in feine Streifen geschnitten und blanchiert.

Mango-Crostini

- 4 Baguettescheiben
- 2 EL Olivenöl
- 1 Knoblauchzehe, fein gehackt
- 1 Zweig Rosmarin
- 1 reife Mango, mittelgroß
- 1 TL brauner Zucker
- 1 Peperoni rot
- 1/2 Zitrone, Saft

Die Baguettescheiben im Olivenöl mit Knoblauch und Rosmarin hellbraun rösten. Die Mango in kleine Würfel schneiden, mit Zitronensaft und braunem Zucker würzen und einige Streifen Peperoni beifügen. Auf den gerösteten Baguettescheiben anrichten und zur Suppe reichen.

Thunfischtartar

- 100 g rosa Thunfisch
- 1/2 Schalotte in feinen Würfeln
- 1/2 Zitrone, Saft
- 30 ml Olivenöl
- Salz, Pfeffer aus der Mühle

Thunfisch in sehr kleine Würfel schneiden, mit Schalotte, Zitronensaft und Olivenöl gut vermischen, mit Salz und Pfeffer aus der Mühle abschmecken. Mit zwei Löffeln kleine Nocken formen und zusammen mit den Mango-Crostini zur Ingweressenz reichen.

Tipp: Sollte das Tartar nicht sämig genug sein, noch etwas Olivenöl einrühren.

S. 101

HIRSCHRÜCKEN MIT SCHOKOLADENSAUCE, ORANGENBUTTER UND COUSCOUS

Für 4 Personen

Hirschrücken

- 1 Hirschrücken, jung, ca. 1,2 kg (vom Metzger küchenfertig auslösen lassen)
- Salz, Pfeffer
- 2 frische Rosmarinzweige
- 1/2 Bund frischer Thymian
- 50 ml Öl zum Braten
- 200 ml Schokoladensauce (siehe Rezept)
- 8 EL Orangenbutter (siehe Rezept)

Den Hirschrücken salzen, pfeffern und mit Öl, Rosmarin und Thymian in einer Pfanne auf beiden Seiten anbraten.

Im auf 180°C vorgeheizten Ofen 10 - 12 Min. rosa braten.

Tipp: Vor dem Servieren einige Minuten ruhen lassen. Das Fleisch entspannt sich und der Fleischsaft kann sich gleichmäßig verteilen und läuft beim Schneiden nicht aus.

Couscous

- 120 g Couscous (Hirse)
- 20 g Schalotten
- 30 g getrocknete Aprikosen
- 30 g Rosinen
- 30 g getrocknete Pflaumen
- 1 TL Instant-Kaffeepulver
- 20 g Butter
- 200 ml Hühnerbrühe
- Salz, Pfeffer
- 20 g Pinienkerne

Aprikosen, Rosinen und Pflaumen in feine Würfel schneiden, Pinienkerne rösten und hacken.

Schalotten in Butter dünsten, Früchte und Couscous einstreuen, anschwitzen, mit der Hühnerbrühe auffüllen. Das Kaffeepulver dazugeben und 5 - 8 Min. zugedeckt ziehen lassen.

Mit Salz und Pfeffer würzen.

Vor dem Servieren die gehackten Pinienkerne unterheben.

Schokoladensauce

- 100 ml Rotwein
- 300 ml Wildfond (Rezept S. 184)
- 2 Orangen (Schale abgerieben)
- 2 Orangen (Saft)
- 150 g Bitterschokolade
- 10 ml Grand Marnier

Den Rotwein auf die Hälfte reduzieren, mit Wildfond auffüllen, Orangenschale und -saft dazugeben und aufkochen. Die klein geschnittene Bitterschokolade darin auflösen und auf ca. 150 - 200 ml einkochen.

Nach Wunsch mit Grand Marnier verfeinern.

Orangenbutter

- 150 g Zucker
- 250 ml Orangensaft
- 50 ml Weißwein
- 1 TL Kartoffelstärke
- 1/2 Vanilleschote
- 100 g kalte Butter in kleinen Stücken

Den Zucker hell karamelisieren, mit Orangensaft ablöschen, Stärke mit Weißwein auflösen und einrühren. Vanilleschote dazugeben und langsam auf 50 ml reduzieren. Von der Herdplatte nehmen,

Vanilleschote entfernen und mit einem Schneebesen die kalten Butterstücke unterrühren.

Weinempfehlung:
Reifer Bordeaux oder Spätburgunder (Pinot Noir aus dem Burgund)

S. 102

ZIEGENKÄSE MIT TOMATENKONFITÜRE

Für 4 Personen

- 4 Ziegenkäse à 60 g (z. B. Crottin de Chavignol)
- 8 EL Tomatenkonfitüre

Ziegenkäse halbieren, bei starker Oberhitze kurz erwärmen, Tomatenkonfitüre darauf anrichten, mit Basilikum garnieren und sofort servieren.

Tomatenkonfitüre

- 500 g Tomaten (fest, reif)
- 250 g Gelierzucker
- 60 g Tomatensaft
- 1/2 Chilischote (ohne Kerne)
- 1/2 Stängel Zitronengras
- 30 g Ingwer
- 5 Blatt Minze
- 15 Blatt Basilikum
- Salz

Von den Tomaten den Strunk entfernen, in kochendem Salzwasser kurz aufkochen und in Eiswasser abkühlen. Die Haut abziehen, vierteln, das Kerngehäuse entfernen und in kleine Würfel schneiden.

Die Tomatenwürfel mit Gelierzucker vermischen und 10 Minuten stehen lassen.

Kerngehäuse und Schalen der Tomaten mit Tomatensaft, Chili, Zitronengras, Ingwer, Minze und Basilikum auf ein Drittel einkochen. Durchpassieren, die Tomatenwürfel dazugeben und 4 Min. köcheln lassen.

Weinempfehlung:
Junger Sauvignon blanc

S. 103

SCHOKOLADEN-CANNELLONI MIT WEISSER MOCCAMOUSSE

Für 4 Personen

Schokoladen-Cannelloni

- 250 g dunkle Kuvertüre

Klarsichtfolie in 8 Quadrate à 10 x 10 cm schneiden, dünn mit temperierter dunkler Kuvertüre bestreichen, einrollen und im Kühlschrank anziehen lassen, anschließend die Folie abziehen.

Moccamousse

- 80 g Moccabohnen
- 300 g Sahne
- 2 Eier
- 60 g Zucker
- 140 g Kuvertüre weiß
- 2- 4 cl Moccalikör weiß oder Baccardi
- 2 Blatt Gelatine

Die ungeschlagene Sahne erwärmen und mit den Moccabohnen über Nacht durchziehen lassen.

Die Eier mit dem Zucker zunächst über einem Wasserbad warm schlagen, anschließend im Eiswasserbad kalt schlagen (dadurch bekommt die Masse eine bessere Stabilität).

Die weiße Kuvertüre schmelzen. Die eingeweichte Blattgelatine im Moccalikör auflösen und in die Kuvertüre einrühren.

Unter die schaumige Eiermasse heben, die Sahne mit Moccageschmack schlagen und unter die Masse ziehen. Die Mousse in eine Schüssel füllen und mindestens 3 - 4 Std. zugedeckt im Kühlschrank anziehen lassen.

In einen Spritzbeutel mit Lochtülle geben und die Schokoladenröllchen damit füllen.

Mit Kirschsauce oder -ragout (Rezept S. 185) auf einem großen Dessertteller anrichten.

Weinempfehlung:
Edelsüße Weine von der Loire

GEWÜRZKEGEL

- ✶ Steckschwammkegel
- ✶ Spanisches Moos (Tillandsia usneoides)
- ✶ Sternanis
- ✶ Kaffeebohnen
- ✶ Trockensteckmasse
- ✶ Heißkleber oder Sprühkleber
- ✶ Holzstäbchen (etwas dicker als Schaschlikspieße)

Den Kegel dünn mit Spanischem Moos umwickeln (auch am Boden) und mit Draht oder Kleber fixieren.

Kaffeebohnen und Sternanis aufkleben.

Drei Holzstäbchen in den Boden des Kegels stecken, ein Glas oder einen Becher mit Trockensteckmasse füllen, Kaffeebohnen zum Abdecken aufstreuen.

Den Kegel mit den Holzspießen im Glas befestigen.

KAFFEEKUGEL

- ✶ Styroporkugel
- ✶ Kaffeebohnen
- ✶ Heißkleber oder Sprühkleber
- ✶ Braune Dispersionsfarbe

Die Styroporkugel zunächst mit Dispersionsfarbe braun anstreichen und gut trocknen lassen.

Nun die Kaffeebohnen aufkleben. Trocknen lassen und eventuell nochmals mit einzelnen Bohnen nachbessern.

DEKORATION

- ✶ Exotische Früchte z. B. Bananenstauden, Johannisbrotschoten, Pandanusfrüchte
- ✶ Beerenzweige, z. B. Celastrus oder kleine Hagebutten
- ✶ Pfefferschoten

Dekorativ in Gefäßen, auf Tabletts und auf dem Tisch verteilen.

S. 114

GETRÜFFELTE TAGLOLINI IM PARMESANKÖRBCHEN

Für 4 Personen

- 250 g Parmesan gerieben (für 4 Schalen)
- 160 g Tagliolini
- 50 g Butter
- 100 ml Geflügelbrühe
- 100 g Sahne
- 50 ml Trüffelöl
- Salz, Pfeffer
- 20 g Sommertrüffel frisch

Parmesankörbchen

Den Parmesan in vier Kreisen von ca. 16 - 20 cm Durchmesser dünn auf ein Backblech streuen und bei starker Oberhitze goldgelb backen. Mit einer Spachtel vom Blech lösen, noch heiß über einer Schale zu einem Körbchen formen und auskühlen lassen.

Tipp: Am Vortag zubereiten.

Tagliolini

Die Tagliolini in Salzwasser al dente kochen, abschütten, etwas Öl dazugeben und locker aufgestreut auf einer Platte auskühlen lassen (nicht mit Wasser abspülen).

Für die Sauce 25 g Butter, Geflügelbrühe, Sahne und 25 ml Trüffelöl auf die Hälfte reduzieren und mit Salz und Pfeffer abschmecken.

Die restliche Butter in einer Pfanne schmelzen, die Tagliolini darin schwenken, die zweite Hälfte Trüffelöl zugeben und gut erhitzen.

Die Nudeln herausnehmen, etwas abtropfen lassen und im Parmesanschälchen anrichten. Die Sauce nochmals erhitzen, gut schäumen (Milchschäumer) und über die Nudeln geben.

Den Trüffel fein darüber hobeln und mit frischen Kräutern dekorieren.

Weinempfehlung:
Gehaltvoller Chardonnay

S. 114

ROTE-BETE-SUPPE MIT MEERRETTICHNOCKEN

Fur 4 Personen

Suppe

- 350 g Rote Bete, in grobe Würfel geschnitten
- 50 g Butter
- 1 Schalotte
- 1 Knoblauchzehe
- 30 g Mehl
- 500 ml Geflügelfond (Rezept S. 184)
- 200 ml Rote-Bete-Saft
- 100 g Sahne
- 2 EL Meerrettich aus dem Glas
- Salz, Pfeffer, Muskat

Butter im Topf zerlaufen lassen, Schalotte und Knoblauch darin glasig dünsten, Rote Bete dazu geben, weiterdünsten, mit Mehl stäuben, Rote-Bete-Saft, den Geflügelfond und die Sahne zugießen.

Mit Salz, Pfeffer, Muskat würzen und bei mittlerer Hitze etwa 30 Min. kochen lassen.

Den Topf vom Herd nehmen. Die-Rote Bete-Suppe im Topf mit dem Pürierstab aufmixen und durch ein Sieb passieren. Nochmals aufkochen und gut abschmecken.

Meerrettichnocken

- 80 g Butter
- 2 Eigelb
- 2 Eiweiß
- 40 g Mehl
- 40 g Toastbrotbrösel ohne Rinde
- 50 g Meerrettich aus dem Glas, gut ausgedrückt
- Salz, Pfeffer, Muskat

Handwarme Butter schaumig rühren, nach und nach die Eigelbe beigeben, weiterrühren. Mehl, Brösel und Meerrettich untermengen, Eiweiß zu Schnee schlagen und unter die Masse heben. Würzen mit Salz, Pfeffer, Muskat und zugedeckt 20 - 30 Min. im Kühlschrank ruhen lassen.

Tipp: Kann man gut vorbereiten.

Crème fraîche-Schaum

- 50 g Crème fraîche
- 100 ml Geflügelbrühe
- Salz, Pfeffer

Crème fraîche mit der Brühe aufkochen und würzen. Mit einem Milchschäumer gut schäumen.

Anrichten

Rote-Bete-Suppe in einen Suppenteller gießen. Eine Meerrettichnocke hineingeben, Crème fraîche-Schaum auf der Suppe verteilen und mit Kräutern dekorieren.

Weinempfehlung:
leichter Zinfandel aus Kalifornien oder Primitivo aus Apulien

S. 116

FISCHSPIESS MIT PAPRIKABUTTER AUF SAFRANPOLENTA

Für 4 Personen

Fischspieße

- 4 Holz- oder Metallspieße
- 350 - 400 g Fischfilet (Lotte)
- 2 Paprika rot (2 x 2 cm Stücke)
- 1 Paprika gelb (2 x 2 cm Stücke)
- 1 mittelgroße Zucchini (in 5 mm dicke Scheiben geschnitten)
- 8 frische Lorbeerblätter
- 2 Zwiebeln (2 x 2 cm Stücke)
- Salz, Pfeffer
- 1 EL Öl
- 1 Zweig frischer Rosmarin

Das Fischfilet in 2 cm große Stücke schneiden und abwechselnd mit roten und gelben Paprika, Zucchinischeiben, Zwiebeln und Lorbeer auf einen Spieß stecken. Salzen und pfeffern.

Die Fischspieße in einer Pfanne mit etwas Öl und dem Rosmarinzweig anbraten, im vorgeheizten Ofen bei 180°C ca. 7 - 8 Min. weiterbraten.

Paprikabutter

- 1 Paprika rot
- 2 EL Olivenöl
- 1 Zweig Rosmarin
- 1 Knoblauchzehe
- 30 ml Weißwein
- 200 ml Geflügelfond (Rezept S. 184)
- 100 g Butter
- Salz, Pfeffer

Paprika halbieren, entkernen und in Würfel schneiden.

Olivenöl in einer Pfanne erhitzen, den Paprika, Rosmarin und Knoblauch beigeben, salzen und pfeffern.

Den Paprika bei kleiner Flamme weichdünsten, mit Weißwein ablöschen und mit dem Geflügelfond aufgießen. Gut aufkochen lassen, im Mixer pürieren und passieren.

Wieder in einen Topf füllen, die Butter dazugeben und zur Hälfte reduzieren.

Safranpolenta

- 150 g Maisgrieß (Instantgrieß)
- 2 EL Olivenöl
- 50 g Schalotten
- 1 Knoblauchzehe
- 500 ml Geflügelbrühe
- 1 Lorbeerblatt
- 1 Messerspitze Safran
- Salz, Pfeffer
- 50 g Parmesan gerieben

Schalotten und Knoblauch fein schneiden und im Olivenöl glasig dünsten. Mit Brühe aufgießen und zum Kochen bringen.

Den Maisgrieß unter Rühren einrieseln lassen. Lorbeerblatt, Safran, Salz und Pfeffer zufügen und bei schwacher Hitze 10 - 15 Min. köcheln lassen. Vor dem Servieren den geriebenen Parmesan unterheben.

Tipp: Instant Maisgrieß ist wesentlich schneller fertig gekocht. Normaler Grieß braucht zugedeckt im Ofen ca. 60 - 90 Minuten.

Weinempfehlung:
Gehaltvoller Sauvignon Blanc

S. 120

BUNTE FRUCHTDESSERTS

Frische Früchte mit Fruchtsaucen

Auswahl nach Geschmack und Verfügbarkeit:

- Himbeeren
- Brombeeren
- Passionsfrucht
- Aprikosen
- Kiwi

Die Rezepte für die passenden Fruchtsaucen oder -ragouts finden Sie auf S. 184f.

S. 121

POP-ART-EISCREMES

- Brombeerrahmeis
- Erdbeerrahmeis
- Mangorahmeis
- Schokoladenrahmeis
- Vanillerahmeis
- Pistazienrahmeis

Die Basisrezepte für Rahmeis und Fruchtrahmeis sowie die Zubereitung für alle genannten Eiscremesorten finden Sie auf Seite 185.

Weinempfehlung:
Champagner, auch als Rosé

GROSSE VASE

- ✶ Gerbera
- ✶ Rosen
- ✶ Dahlien
- ✶ Ebereschen- oder andere Beeren
- ✶ Rohrkolben gefärbt
- ✶ Schmuckdraht von der Rolle
- ✶ Farbige Bänder

Mit diesem Strauß wird quasi die Form der Vase nach oben weitergeführt. Der Rohrkolben bildet die Spitze des Straußes und wird auf die gewünschte Länge zurechtgeschnitten.

Unterhalb der dicken Stelle des Fruchtkolbens mit Schmuckdraht einen kleinen Kranz Blüten festbinden. Ein Stück Abstand lassen, dann den nächsten Beeren- oder Blütenkranz anbringen; das Abstandstück vorher mit farbigem Band umwickeln. Nun die anderen Blüten dazubinden und alles in die mit Wasser gefüllte Vase stellen.

TISCHSCHMUCK

- ✶ Porzellanschälchen
- ✶ Gerbera
- ✶ Ebereschen- oder andere Beeren
- ✶ Farbiger Steckschwamm

Schälchen mit Steckschwamm ausfüllen, wässern, Gerbera arrangieren und die Oberfläche mit den Beeren abdecken.

S. 128

KÜRBISCREMESUPPE

Für 4 Personen

- 400 g Kürbisfleisch vom Muskatkürbis
- 50 g Butter
- 100 g Lauch (weiß) in feine Ringe geschnitten
- 100 g mehlige Kartoffeln, geschält
- 200 ml Geflügelfond (Rezept S. 184)
- 150 g Crème fraîche
- etwas Milch
- Kürbiskernöl
- Salz, Pfeffer
- 10 g Kürbiskerne, ohne Fett in der Pfanne geröstet

Butter in einem Topf erhitzen, Lauch darin glasig dünsten. Kürbisfleisch und Kartoffeln in kleine Würfel schneiden, zum Lauch in den Topf geben, den Geflügelfond dazu gießen, aufkochen lassen und bei mittlerer Hitze etwa 30 Min. garen.

Die Suppe pürieren, passieren und 120 g Crème fraîche einrühren. Mit Salz und Pfeffer abschmecken.

In Teller oder Suppentassen füllen, die restliche Crème fraîche mit etwas Milch verdünnen und vorsichtig auf der Oberfläche verteilen. Mit den Kürbiskernen bestreuen und mit ein paar Tropfen Kürbiskernöl beträufeln.

Weinempfehlung:
Kräftiger Weißburgunder

S. 128

PERLHUHN MIT KARAMELISIERTEM CHICORÉE UND GRANATAPFELKERNEN

Für 4 Personen

Perlhuhn

- 4 Perlhuhnhälften
- 50 g Toastbrot in kleinen Würfeln
- 100 ml Milch
- 1 Ei
- 20 g Zwiebeln, fein geschnitten, in etwas Öl gedünstet
- 1 EL gehackte Petersilie
- Salz, Pfeffer, Muskat
- 100 g Duxelle (siehe unten)

In einer Schüssel die Toastbrotwürfel in heißer Milch einweichen. Zwiebeln, Ei, Petersilie hinzufügen und mit Salz, Pfeffer und Muskat würzen. Danach das Duxelle zugeben, gut vermischen und nochmals abschmecken.

Mit dieser Masse wird das Perlhuhn unter der Haut gefüllt. Dazu wird die Haut leicht angehoben und die Füllung vorsichtig darunter verteilt. Anschließend die Haut wieder über die Füllung ziehen.

Die Perlhuhnhälften auf der Hautseite in etwas Olivenöl anbraten und im vorgeheizten Backofen bei 180°C ca. 10 Min. fertigbraten.

Bis zum Servieren warm stellen.

Duxelle

- 100 g Pilze (Champignons oder Egerlinge)
- 1 kleine Knoblauchzehe
- 1 kleine Schalotte
- 50 g Butter
- 50 ml Weißwein
- Salz, Pfeffer
- 1 EL gehackte Petersilie

Pilze, Knoblauchzehe und Schalotte in feine Würfel schneiden, in Butter dünsten, mit Weißwein ablöschen, salzen, pfeffern und so lange kochen, bis der Fond reduziert ist. Die Petersilie darunter mischen und auskühlen lassen.

Karmelisierter Chicorée

- 2 mittelgroße Chicorées
- 1 Zitrone
- 1 EL Puderzucker
- 20 g Butter
- 50 ml Weißwein
- 2 EL Salatdressing (siehe unten)
- Salz, Pfeffer

Chicoréeblätter eine halbe Stunde in warmes Zitronenwasser einlegen (so verliert er die Bitterstoffe), abschütten und abtrocknen.

Den Zucker mit der Butter in einer Pfanne leicht karamelisieren lassen. Chicorée dazugeben, salzen und pfeffern, mit Weißwein ablöschen, kurz andünsten und mit 2 EL Salatdressing verfeinern.

Salatdressing

- 50 ml Rinderfond (Rezept S. 184)
- 50 ml Weißweinessig oder Obstessig
- 1 EL Zucker
- 1 TL Salz
- 1 TL Dijonsenf
- frisch gemahlener weißer Pfeffer
- etwas frisch geriebene Muskatnuss
- 100 ml Sonnenblumenöl
- Evtl. frisch gehackte Kräuter oder feine Schalottenwürfel

Rinderfond, Essig, Zucker, Salz und Senf so lange verrühren, bis Salz und Zucker vollständig aufgelöst sind. Mit Pfeffer und Muskat würzen, dann unter ständigem Weiterrühren das Öl zugießen.

Tipp: Anstatt des Dressings kann man auch eine Mischung aus 1 EL weißem Balsamico-Essig und 2 EL Olivenöl verwenden.

Granatapfelkerne

- 1 Granatapfel

Granatapfel halbieren, mit einem Löffel die Kerne auskratzen und zur Seite stellen.

Anrichten

Die Chicoréeblätter auf den Tellern verteilen, das Dressing darüberträufeln. Die Perlhuhnhälften tranchieren, auf den Blättern anrichten und die Granatapfelkerne darüberstreuen.

Weinempfehlung:
Weißwein in Barrique ausgebaut, z. B. Grauburgunder aus Baden

S. 132/133

KÄSEPRALINEN

Für 4 Personen

1 Mozzarella mit Pecorino, Pesto und Pinienkernen

Mozzarellakäse in Scheiben schneiden, den Pecorinokäse in dünnen Scheiben darauf legen, mit Pesto (Rezept S. 184) bestreichen und mit gerösteten Pinienkernen bestreuen.

Darauf kommt wieder eine Schicht Mozzarella/Pecorino/Pesto und Pinienkerne, abgeschlossen wird mit einer Schicht Mozzarella.

Über Nacht in Folie eingepackt und mit einem Topf beschwert im Kühlschrank pressen.

In 2 x 4 cm große Stücke schneiden.

2 Obatzda im Schnittlauchmantel auf Croûtons

Angemachten Camembert (mit Butter, Quark, Paprika, Kümmel, Salz, Pfeffer, Bier) zu Kugeln formen und in fein geschnittenen Schnittlauchringen wälzen.

Toastbrot mit einem runden Ausstecher ausschneiden und in etwas Olivenöl anbraten, auskühlen lassen und den Obatzten auflegen.

3 Ziegenkäse mit Kiwi

Gerollten Ziegenkäse in 1 cm dicke Scheiben schneiden und mit einer Kiwischeibe belegen.

4 Butterkäse mit Brie und Nüssen

Gemischte Nüsse (Haselnüsse, Walnüsse, Mandeln, Kürbiskerne) in grobe Stücke hacken.

In Scheiben geschnittenen Butterkäse und Brie übereinander legen, mit den Nüssen belegen, mit Butterkäse und Brie bedecken. In Folie einpacken und im Kühlschrank über Nacht mit einem Topf beschwert pressen.

In 3 x 3 cm große Stücke schneiden.

5 Pecorino, gefüllt mit Frischkäse und getrockneten Aprikosen

Pecorinoscheiben mit Frischkäse bestreichen, getrocknete und halbierte Aprikosen darauflegen, mit Pecorinokäse bedecken.

Über Nacht in Klarsichtfolie eingepackt und mit einem Topf beschwert im Kühlschrank lagern.

In 3 x 3 cm große Stücke schneiden.

6 Getrüffelter Taleggio

Ein Stück Taleggio mit dem Messer der Länge nach durchschneiden, jede Scheibe mit etwas Trüffelöl bestreichen und mit dünnen Trüffelscheiben belegen, den Taleggio wieder übereinander schichten.

Über Nacht in Klarsichtfolie eingepackt und mit einem Topf beschwert im Kühlschrank lagern.

In 3 x 3 cm große Stücke schneiden.

7 Ziegenkäsepralinen im Kräutermantel auf Pumpernickel

Gemischte frische Gartenkräuter fein hacken.

Frischkäse mit Salz, Pfeffer, etwas Knoblauch würzen, runde Pralinen formen und in den gehackten Kräutern wälzen.

Die Käsepralinen auf rund ausgestochene Pumpernickelscheiben setzen.

Weinempfehlung:
Leichter fruchtiger Rotwein

TISCHDEKORATION

- ✶ Quitten
- ✶ Birnen
- ✶ Physalis
- ✶ Equisetumstäbe
- ✶ Chrysanthemenblüten

Eine gelegte Tischdekoration aus Früchten passt sich ideal jeder Tischform und -größe an. Was so leicht aussieht, muss aber mit Überlegung gestaltet sein, sonst entsteht nur ein wildes Durcheinander.

Als erstes die Farben auf den Raum abstimmen und festlegen. Hier ist die Basis der Gestaltung goldgelb mit orangen und rotbraunen Tönen und wenig grün.

Quitten und Birnen wie ein breites Band der Länge nach auf der Tischmitte verteilen, mit Equisetumstäben, Blüten und Physalis ergänzen.

Die hohe Vase ganz pur nur mit Equisetumstäben füllen.

VASENSCHMUCK

- ✶ Styroporkugel
- ✶ Grünes Moos
- ✶ Peddigrohr farbig
- ✶ Kupferdraht von der Rolle

Für die zweite Vase eine Styroporkugel mit Moos bekleben. Um die Kugel wie einen Strauß ein lockeres Gebilde aus farbigem Peddigrohr und Kupferdraht formen und vorsichtig in die Vase stellen.

S. 143

PANNA COTTA VON ROMANESCO MIT BROCCOLITERRINE

Für 4 Personen

Panna Cotta von Romanesco

- 250 g Romanescoröschen (ersatzweise Blumenkohl)
- 20 g Butter
- 300 g Sahne
- 1,5 Blatt Gelatine
- Salz, Pfeffer
- 20 g Sonnenblumenkerne
- 4 EL Pesto (Rezept S. 184)

Romanesco in kleine Röschen schneiden, mit der Butter, etwas Wasser und Salz kochen, bis das Gemüse weich und das Wasser verdampft ist. Die Sahne beifügen und aufkochen lassen. Alles im Mixer pürieren.

Die eingeweichte Gelatine zufügen, in Schälchen abfüllen, auskühlen lassen.

Romanescogelee

- 100 g Romanesco (Abschnitte)
- 200 ml Wasser
- Salz, Pfeffer
- 1 Blatt Gelatine

Abschnitte vom Romanesco mit Wasser, Salz und Pfeffer weich kochen. Den heißen Fond passieren und mit Gelatine binden.

Die Panna Cotta mit diesem Gelee überglänzen.

Broccoliterrine

- 300 g Broccoli
- 100 g Broccoli für Einlage
- 200 g Sahne
- 200 g geschlagene Sahne
- 4 Blatt Gelatine
- 20 g Butter
- Salz, Pfeffer
- Muskat

Broccolimousse

Broccoli in kleine Röschen schneiden, mit der Butter, etwas Wasser und Salz kochen, bis das Gemüse weich und das Wasser verdampft ist. 200 g flüssige Sahne beifügen und aufkochen lassen. Alles im Mixer fein pürieren.

Die in kaltem Wasser eingeweichte Gelatine auflösen und der Masse beifügen. Vorsichtig die geschlagene Sahne unterheben. Mit Salz, Pfeffer und Muskat abschmecken.

Einlage

100 g schöne Broccoliröschen in Salzwasser bissfest kochen.

Füllen der Terrine

Eine Terrinenform von ca. 1 l Inhalt mit Klarsichtfolie auslegen. Die halbe Menge Broccolimousse einfüllen, Broccoliröschen gleichmäßig darauf verteilen und mit der restlichen Masse bedecken.

Mit Folie gut verschließen und im Kühlschrank kalt stellen.

Tipp: Kann gut am Vortag zubereitet werden.

Weinempfehlung:
Gavi aus dem Piemont

S. 143

KOKOSMILCHSUPPE MIT GALGANTWURZELN UND ZITRONENBLÄTTERN

Für 4 Personen

- 400 ml Kokosmilch
- 100 ml Gemüsefond (kräftig gewürzt)
- 1 Galgantwurzel (4 - 5 cm groß)
- 4 Stängel Zitronengras
- 150 g Champignons
- 8 Korianderzweige
- 2 Chilischoten
- 5 Kaffier-Zitronenblätter
- Salz
- 1 EL Fischsauce
- 3 cl Limettensaft
- 2 TL Zucker

Den Galgant putzen, 4 dünne Scheiben abschneiden und den Rest flachklopfen. Zitronengras in 5 cm große Stücke schneiden und ebenfalls flachklopfen. Die Champignons putzen und in Scheiben schneiden. Die Korianderzweige waschen, trockentupfen und die Blätter abzupfen. Chilischoten waschen, den Stielansatz entfernen und die Schoten leicht quetschen (bei starkem Quetschen wird die Suppe zu scharf).

100 ml Kokosmilch, die Korianderblätter, Galgantscheiben und 2 Zitronenblätter zur Seite stellen.

Die übrigen Zutaten in einem Topf zum Kochen bringen und 10 Min. ziehen lassen. Durchpassieren, die restliche Kokosmilch bei niederer Hitze unterrühren und gut abschmecken.

Die aufbewahrten Zitronenblätter halbieren und mit den Galgantscheiben auf die Suppenschalen verteilen. Die Suppe darüber geben und mit Korianderblättern bestreuen.

Tipp: Kokosmilch, Galgantwurzel, Zitronengras, Koriander, Chili und Fischsauce gibt es in guten Asialäden zu kaufen.

S. 144

TOFU IM WIRSINGMANTEL MIT BUTTERMILCH-KRÄUTERSAUCE

Für 4 Personen

- 4 Scheiben Tofu a 100 g
- 8 EL Asiafond (oder Gemüsefond)
- 4 EL helle Sojasauce

2 EL Reiswein
1 TL brauner Zucker oder Honig
1/2 Chilischote aufgeschnitten und entkernt
2 Knoblauchzehen in Scheiben
50 g Ingwer (geschält gewogen)
1 Stängel Zitronengras
4 Zitronengrasblätter oder Lauchstreifen, blanchiert
8 kleine Wirsingblätter
Öl zum Braten

Aus Fond, Sojasauce, Reiswein, Zucker, Chilischote, Knoblauch, Ingwer und dem gequetschten Zitronengrasstängel eine Marinade zubereiten. Die Tofuscheiben darin einlegen und mindestens 2 Std. marinieren.

Vom Wirsing die Rippen entfernen, in Salzwasser nicht zu weich kochen und in Eiswasser abschrecken (dann behält er die schöne grüne Farbe).

Tofu aus der Marinade nehmen und gut abtrocknen. In Öl hellbraun anbraten.

Aus der Pfanne nehmen, jede Scheibe in 2 Wirsingblätter einpacken und mit einem Zitronengras- oder Lauchstreifen umwickeln.

Wenig Marinade in eine Pfanne gießen und die Tofupäckchen darin nochmals erwärmen.

Die Marinade abseihen, mit Gemüsefond auf 150 ml auffüllen und für die Buttermilch-Kräuter-Sauce verwenden.

Tipp: Anstelle von Tofu kann man dieses Rezept auch mit Fischfilet zubereiten. Der Fisch sollte allerdings nur 20 Min. mariniert werden.

Buttermilch-Kräuter-Sauce

150 ml kräftiger Gemüsefond (s. o.)
1/2 EL Speisestärke
250 g Buttermilch 1 % Fett
Salz, Pfeffer
2 EL gehackte Kräuter

Gemüsefond auf die Hälfte einkochen, mit der Speisestärke leicht abbinden. Buttermilch einrühren (nicht mehr aufkochen, damit die Sauce nicht gerinnt).

Mit Salz und Pfeffer abschmecken. Zum Schluss die Kräuter mit dem Pürierstab einmixen und aufschäumen.

Weinempfehlung:
Muskateller oder Gewürztraminer

S. 145

VITAL-COCKTAILS

Kombucha-Cocktail

für 4 Gläser

200 g Erdbeeren oder andere rote Früchte
4 EL Honig
300 g Sauerrahm
200 ml Kombucha-Getränk
etwas Vanillemark
Eiswürfel
4 Vanilleschoten als Garnitur

Dier Erdbeeren waschen, Stiele abschneiden, mit dem Honig vermischen, mixen und pürieren. Sauerrahm, Kombucha und Vanillemark zugeben.

Alle Zutaten kräftig aufmixen und in mit Eiswürfeln gefüllte Gläser gießen.

Gingko-Cocktail

für 4 Gläser

320 g Buttermilch 1 % Fett
2 Limonen, unbehandelt
200 ml Apfelsaft
200 ml Gingko-Getränk (Reformhaus)
4 EL Honig
Eiswürfel
Zitronengrasstängel als Garnitur

Limonen mit heißem Wasser abwaschen, die Schale fein abreiben, den Saft auspressen.

Mit den weiteren Zutaten zusammen kräftig aufmixen und in mit Eiswürfeln gefüllte Gläser gießen.

Tipp: Man kann diese Mischungen (ohne Eiswürfel) auch in der Eismaschine zu wohlschmeckenden Sorbets verarbeiten.

WACHSKUGELN

* Styroporkugeln
* Reagenzgläser
* Weißes Kerzen-Wachs
* Topf zum Wachsschmelzen
* Sisalfaser gebleicht
* Golddraht von der Rolle
* Weiße Phaleonopsis-Orchideen

Styroporkugel flach abschneiden, so dass sie gut steht. In jede Kugel oben in der Mitte ein Loch bohren. Reagenzglas einpassen, wieder herausziehen und zur Seite legen.

Wachs in einem Topf vorsichtig erwärmen und schmelzen. Wieder leicht abkühlen lassen. Die Kugel mehrmals in das flüssige Wachs tauchen, bis sie gleichmäßig mit Wachs bezogen ist. Auf Alufolie setzen und abkühlen lassen, bis das Wachs fest ist. Reagenzglas mit Wasser füllen, in die Kugel stecken und mit jeweils einer Orchideenrispe schmücken.

Sisalwattekugeln: Einige der Styroporkugeln dünn mit Sisalwatte und Golddraht umwickeln.

GROSSES ARRANGEMENT

* Weiße Ranunkeln oder weiße Nelken
* Schachtelhalm
* Yucca-Spiralen (Glücksbambus)
* Beargrass
* Frisch-Steckschwamm
* Pinholder, Klebekitt (Blumengeschäft)

Steckschwamm quadratisch zurechtschneiden und wässern. Pinholder (das sind Befestigungselemente speziell für die Floristik) mit Klebekitt in einer Schale befestigen. Steckschwamm daraufstecken.

Calla, Yucca und Baergrass linear stecken. In der Basis ein Kissen aus Ranunkeln anfertigen.

S. 156

GERÄUCHERTER HEILBUTT UND LACHS MIT DILL-SENF-HONIG-SAUCE

Für 4 Personen

4 Scheiben geräucherter Heilbutt
4 Scheiben geräucherter Fjordlachs

Sauce

1 TL Löwensenf
1 TL mittelscharfer Senf
1 TL süßer Senf
1 TL Honig
1 Eigelb
40 g Olivenöl
1 EL Sherryessig (oder anderer Essig)
Salz, Pfeffer
1 Zweig Dill

Alle drei Senfsorten mit dem Honig und dem Eigelb schaumig schlagen, das Olivenöl langsam unter ständigem Rühren einfließen lassen.

Mit Essig, Salz und Pfeffer würzen.

Zum Schluss den Dill vom Stiel abzupfen, fein schneiden, in die Sauce einrühren und abschmecken.

Weinempfehlung:
Grüner Veltliner, Sauvignon blanc

S. 156/157

MARONENSAMTSUPPE

Für 4 Personen

Suppe

60 g Butter
20 g Zucker
4 Schalotten, geschält und in Scheiben geschnitten
50 ml Weißwein
250 g Maronen, geschält und vorgekocht
1/2 Knoblauchzehe
250 ml Gemüse- oder Kalbsfond
150 g Sahne
Salz, Pfeffer

In einem Topf die Butter mit dem Zucker und den Schalotten karamelisieren. Mit dem Weißwein ablöschen, die Maronen, Knoblauch und Fond zugeben, alles zusammen aufkochen lassen, den Knoblauch herausnehmen, gut aufmixen.

Die Sahne zugeben, aufkochen und mit Salz und Pfeffer abschmecken.

Maronenpüree

20 g Butter
10 g Zucker
120 g Maronen, geschält und vorgekocht
Weißwein
100 ml Brühe
50 g Sahne

Die Butter mit dem Zucker und den Maronen karamelisieren. Mit einem Schuss Weißwein ablöschen, mit Brühe und Sahne weichkochen und pürieren.

Karamelisierte Maronen

20 g Butter
30 g Zucker
130 g Maronen, geschält und vorgekocht

Die Butter aufschäumen, den Zucker und die Maronen zugeben und karamelisieren.

Anrichten:

Die Maronensuppe in einen tiefen Teller füllen. Das Maronenpüree, umrahmt von karamelisierten Maronen, auf einem Extrateller dazu reichen.

S. 158

REHRÜCKEN MIT LEBKUCHENKRUSTE

Für 4 Personen

Rehrücken

1 Rehrücken ca. 1,2 kg (vom Metzger auslösen lassen)
Salz, Pfeffer
2 Zweige Rosmarin
1/2 Bund Thymian
2 EL Öl

Die Rehrückenstränge salzen, pfeffern, mit Öl, Rosmarin und Thymian in einer Pfanne anbraten. Im auf 180°C vorgeheizten Ofen 8 - 10 Min. rosa braten.

Lebkuchenkruste

150 g Butter
1 Schalotte, fein geschnitten
1/2 Knoblauchzehe
80 g Lebkuchen natur (fein grieben)
30 g trockenes Toastbrot ohne Rinde
10 g Walnüsse, gerieben
Salz, Pfeffer

Schalotte und Knoblauch in Butter kurz dünsten, Lebkuchen, fein geriebenes Toastbrot und Walnüsse unterheben, mit Salz und Pfeffer würzen.

Kurz vor dem Anrichten die Lebkuchenmasse auf den Rehrücken streichen, im vorgeheizten Backofen bei 200°C übergrillen.

Tipp: Vor dem Servieren einige Minuten ruhen lassen. Das Fleisch entspannt sich, der Fleischsaft kann sich gleichmäßig verteilen und läuft beim Schneiden nicht aus.

Wacholdersauce

100 ml Rotwein
10 Wacholderbeeren
200 ml Wildfond (Rezept S. 184)
40 g Butter (kalt) in kleine Würfel geschnitten

Rotwein mit den leicht zerdrückten Wacholderbeeren auf die Hälfte reduzieren, mit dem Wildfond auffüllen, ca. 10 Min.

köcheln lassen, passieren und die kalte Butter mit einem Schneebesen einrühren.

Haselnuss-Spätzle

- 250 g Spätzle (Rezept S. 184)
- 50 g Butter
- 20 g Haselnüsse gerieben
- Salz, Pfeffer

In einer Pfanne die Butter aufschäumen, Spätzle und geriebene Haselnüsse dazugeben und gut erhitzen. Mit Salz und Pfeffer abschmecken.

Rotkrautfleckerl

- 600 g Rotkraut frisch
- 5 EL Zucker
- 200 ml Rotwein
- 300 ml Kalbsfond (Rezept S. 184)
- 5 cl Weißweinessig
- 1 saurer Apfel, fein geschnitten
- 1 mittelgroße Zwiebel, fein geschnitten
- Salz, Pfeffer
- Gewürzsäckchen mit 10 Pfefferkörnern, 2 Lorbeerblättern, 4 Wacholderbeeren

Die Rotkrautblätter von Hand in Stücke reißen (ca. 2 x 2 cm.) Den Zucker hell karamelisieren, Zwiebel- und Apfelwürfel dazu, mit Rotwein ablöschen, kurz dünsten, mit der Hälfte des Fonds ablöschen. Das Rotkraut und das Gewürzsäckchen beifügen, leicht salzen und pfeffern und zugedeckt langsam weichschmoren. Evtl. noch etwas Fond nachgießen. Kurz bevor das Rotkraut weich ist, den Deckel entfernen, Essig unterrühren und die Flüssigkeit fast einkochen lassen. Nochmals abschmecken.

Weinempfehlung:
Shiraz, Spätburgunder, Lemberger

S. 159

ZIMTMOUSSE MIT GEWÜRZORANGEN

Für 4 Personen

Zimtmousse

- 40 g weiche Butter
- 10 g Puderzucker
- 2 Eigelbe
- 20 g Kirschwasser
- 100 g weiße Schokolade
- 200 g geschlagene Sahne
- etwas gemahlener Zimt

Die weiche Butter mit dem Puderzucker schaumig schlagen (richtig weiß), die Eigelbe nach und nach dazurühren.

Das Kirschwasser leicht erwärmen, in die aufgelöste und temperierte weiße Schokolade einrühren. Die Schokolade in die Butter-Zucker-Eigelbmasse einrühren, etwas gemahlenen Zimt zugeben.

Zum Schluss die geschlagene Sahne unterheben, mindestens 3 - 4 Std. kalt stellen.

Gewürzorange

- 4 kernlose Orangen à ca. 150 g
- 1 Saftorange, unbehandelt
- 1 Zitrone, unbehandelt
- 30 g Waldhonig
- 50 ml Riesling
- 30 ml Noilly Prat
- 40 ml Grand Marnier
- 40 ml Cointreau
- 50 ml Portwein weiß
- 1 Stück Sternanis
- 1/2 Vanilleschote
- 1/2 Zimtstange
- 2 Nelken
- 3 Pimentkörner
- 3 Pfefferkörner
- 3 Wacholderbeeren
- 1 Lorbeerblatt
- 1 Messerspitze Lebkuchengewürz
- etwas Speisestärke

Die kernlosen Orangen schälen und in ca. 4 mm dicke Scheiben schneiden. Saftorange und Zitrone mit heißem Wasser abwaschen, die Schale fein abreiben, den Saft auspressen.

Den Honig mit dem Saft und der geriebenen Schale karamelisieren, mit dem Riesling ablöschen. Die restlichen Zutaten zugeben, alles zusammen aufkochen und leicht mit Speisestärke abbinden.

Die in Scheiben geschnittenen Orangen mit dem heißen Gewürzorangenfond übergießen. Am besten über Nacht durchziehen lassen.

Anrichten:

Eine Nocke von der Zimtmousse ausstechen und in die Mitte des Tellers platzieren, die Gewürzorangen-Scheiben leicht überlappend auf den Teller legen und mit etwas Fond überziehen.

Weinempfehlung:
Edelsüßer Sauterne oder Tokajer

NUSS-SCHALE

- ✶ Hälfte einer hohlen Styroporkugel
- ✶ Ring aus Pappe, einige Zentimeter hoch, z. B. von einer Klebebandrolle
- ✶ Heißkleber
- ✶ Ein Stück Stoff (zum Auskleiden)
- ✶ Haselnüsse

Zuerst den Bodenring und die Halbkugel zusammenkleben. Die Innenfläche der Schale mit Stoff auskleiden, den Stoff über die Oberkante ziehen und festkleben. Gut antrocknen lassen.

Zuletzt die Haselnüsse aufkleben und wieder gut trocknen lassen.

WEIHNACHTSKEGEL

- ✶ Kegel aus Trockensteckmasse
- ✶ Spanisches Moos (Tillandsia usneoides)
- ✶ Heißkleber
- ✶ Engelshaar Gold oder Silber
- ✶ Goldene und silberne Bänder, Kordeln und Perlenschnüre
- ✶ Geschliffene Glaskristalle
- ✶ Christbaumschmuck als Spitze
- ✶ Holzstäbchen

Die Grundform dünn mit Spanischem Moos verkleiden, auch am Boden.

Christbaumschmuck für die Spitze auf ein Holzstäbchen kleben, unterhalb des Schmucks beginnend etwa ein bis zwei Zentimeter des Stabes eng mit einer Kordel umwickeln, dann den Stab in die Spitze des Kegels stecken. Nun Bänder, Kordeln und sonstigen Schmuck an dem stilisierten Bäumchen anbringen.

DUNKLER FOND VOM KALB, LAMM, GEFLÜGEL ODER WILD

Zutaten für einen Liter

1,5 kg Knochen vom Kalb, Lamm, Geflügel oder Wild
10 ml Pflanzenöl
2 Zwiebeln, gewürfelt
2 Karotten, gewürfelt
1/2 Sellerieknolle, gewürfelt
1/2 Lauchstange in Scheiben
1 Knoblauchzehe
1 Flasche trockener, kräftiger Rotwein
2 l Wasser
1 Zweig Rosmarin
1 Zweig Thymian
1 Lorbeerblatt
Einige Pfefferkörner, zerdrückt

Die Knochen in Stücke à 3 cm hacken, im Öl anbraten, dabei immer wieder umrühren, damit nichts anbrennt (geht am besten im Backofen). Wenn die Knochen goldbraun sind, alle Gemüse zugeben und rösten. Weiter rühren, bis die Gemüse schön braun sind.

Mit dem Rotwein ablöschen und mit einem Holzspatel den Bratensatz vom Pfannenboden lösen. Das Wasser angießen und die Gewürze zugeben.

Vier Stunden sanft köcheln lassen, zwischendurch immer wieder entfetten. Sollte der Flüssigkeitsspiegel unter die oberen Knochen sinken, etwas Wasser nachfüllen.

Am Ende der Kochzeit den Fond durch ein feines Sieb passieren und weiter einkochen. Dann wieder durch ein feines Tuch passieren und – wenn erforderlich – abschäumen und entfetten.

Danach auf einen Liter einkochen und kalt stellen.

LAMMSAUCE

1/4 l Lammfond
1/8 l trockener Rotwein (mit wenig Säure, z. B. Merlot)
25 g Butter
1 - 2 Knoblauchzehen, fein zerdrückt
2 EL Basilikum
2 EL Thymian, fein gehackt
Salz, Pfeffer

Den Lammfond mit dem Rotwein um die Hälfte reduzieren. Die Butter in kleinen Stückchen zugeben und mit dem Schneebesen einrühren.

Die Sauce mit Knoblauch und Kräutern abschmecken. Nach Geschmack salzen und pfeffern.

Tipp: Die Kräuter lassen sich beliebig variieren. Zu Lamm passen zum Beispiel Rosmarin, Basilikum, Thymian, Majoran und Bohnenkraut.

Auch trockener Madeira oder roter Portwein geben einer Lammsauce eine interessante Note.

VINAIGRETTE

100 ml Geflügelfond
100 ml Weißweinessig
2 EL Zucker
2 TL Salz
2 TL Dijonsenf
Salz, Pfeffer
100 ml Sonnenblumenöl
100 ml Olivenöl

Alle Zutaten gut vermischen und zum Schluß das Öl langsam unterrühren.

Tipp: Dieses Dressing hält sich in Flaschen abgefüllt längere Zeit im Kühlschrank.

PESTO

1 Bund Basilikum
40 g Pinienkerne
4 Knoblauchzehen
1/2 TL grobes Meersalz
je 1 EL frischgeriebener Parmesan und Pecorino
8 EL Olivenöl

Basilikumblätter, Piniernkerne und geschälten Knoblauch hacken und mit dem Salz und dem geriebenen Käse im Mörser zu einer Paste zerstoßen.

In eine Schale füllen, in kleinen Portionen das Öl zugeben und mit einem Holzlöffel zu einer sämigen Creme rühren.

SPÄTZLE

250 g Mehl
200 g Eier
50 g Wasser
Salz, Muskat

Alle Zutaten zu einem glatten Teig verarbeiten.

In kochendes Salzwasser pressen, schaben oder hobeln und aufkochen lassen.

In kaltem Wasser abschrecken, abseihen und abtropfen lassen.

Tipp: Je mehr Eier verwendet werden, desto kerniger werden die Spätzle. Zum Schaben nur 250 g Eier (kein Wasser) verwenden.

PREISELBEEREN

200 g Preiselbeeren
200 g Gelierzucker
1/2 Orange (Saft)
1/2 Zitrone (Saft)
80 ml Rotwein
2 EL Wasser

Alle Zutaten zusammen aufkochen und 10 Min. köcheln lassen. Die Preiselbeeren sollten möglichst nicht aufplatzen.

BASISREZEPTE FÜR FRUCHTSAUCEN UND FRUCHTRAGOUTS

Alle Fruchtsaucen werden nach dem gleichen Ansatz vorbereitet:

1 Orange, unbehandelt
1 Zitrone oder Limone, unbehandelt
120 g Zucker
100 g Rot- oder Weißwein
400 g Früchte (siehe unten)

Die Orange und Zitrone/Limone mit heißem Wasser abwaschen, die Schale fein abreiben, den Saft auspressen.

Den Zucker mit dem Saft und der geriebenen Schale leicht karamelisieren und je nach Fruchtsorte (dunkel oder hell) mit dem Wein ablöschen.

Diesen Ansatz jeweils mit der betreffenden Fruchtsorte aufkochen und mit dem Zauberstab aufmixen. Abschmecken (der Fruchtzuckergehalt ist nicht immer gleich) und durch ein feines Sieb streichen. Je nach Saucenkonsistenz eventuell noch mit etwas Mondamin binden.

Himbeersauce

400 g Himbeeren

Himbeerragout

Zusätzlich noch ca. **150 g frische Himbeeren** in die heiße Sauce geben.

Tipp: Kann zur Abrundung mit etwas Kirschwasser abgeschmeckt werden. Mit frischen Limonenzesten dekorieren.

Brombeersauce

400 g Brombeeren

Brombeerragout

Zusätzlich noch ca. **150 g frische Brombeeren** in die heiße Sauce geben.

Tipp: Kann zur Abrundung mit etwas Crème de Cassis (Likör) abgeschmeckt werden. Mit frischen Orangenzesten dekorieren.

Kirschsauce

400 g Kirschen ohne Stein

Kirschragout

Zusätzlich noch ca. **250 g Kirschen, das Mark von 1/2 Vanilleschote und 40 ml Portwein** in die heiße Sauce geben. Über Nacht durchziehen lassen.

Passionsfruchtsauce

400 g Passionsfruchtkerne

Für die Passionsfrucht gilt der gleiche Ansatz; hierfür die Frucht frisch halbieren und den Inhalt mit einem Löffel herauskratzen (oder Passionsfruchtsaft aus der Flasche) zugeben.

Bei der frischen Zubereitung ist zu beachten, dass nur ganz kurz mit dem Zauberstab aufgemixt wird (wird sehr schnell bitter, wenn zu lange gemixt wurde).

Passionsfruchtragout

Wie Passionsfruchtsauce, aber ohne diese durch ein Sieb zu passieren.

Tipp: Frische Minzeblätter in feine Streifen geschnitten machen die Sauce oder das Ragout noch feiner.

Aprikosensauce

400 g Aprikosen, klein geschnitten

Aprikosenragout

Zusätzlich noch ca. **150 g klein geschnittene Aprikosen** in die heiße Sauce geben.

Tipp: Kann zur Abrundung mit etwas Aprikot-Brandy abgeschmeckt werden. Mit feinen Chilifäden dekorieren (Vorsicht bei der Dosierung!).

Kiwisauce

400 g geschälte Kiwis, klein geschnitten

Wichtig: nur kurz aufkochen und kurz mixen, die Sauce wird sonst sehr schnell grau und unansehnlich.

Kiwiragout

Zusätzlich noch ca. **150 g klein geschnittene Kiwistücke** in die heiße Sauce geben.

Tipp: Kann zur Abrundung mit etwas Ananassaft abgeschmeckt werden. Mit frischen Zitronenzesten dekorieren.

Nach dem gleichen Prinzip können auch andere Fruchtsaucen wie z. B. Erdbeer-, Heidelbeer- oder Mangosauce hergestellt werden.

Als Anregung für alle Fruchtsaucen und Fruchtragouts:

Probieren sie mal, die eine oder andere Fruchtsorte mit Gewürzen oder Kräutern abzuschmecken: z. B. Vanilleschote, Zimt, Weihnachtsgewürz, Sternanis, Piment – oder Rosmarin, Thymian, Minze, Melisse, Safran, Chilifäden. Selbstverständlich passen auch Liköre und Alkoholika wie Grand Marnier, Cointreau, Portwein, Pernod u.s.w.

Nur Mut – es ist wie bei einer neuen Cocktail-Creation!

BASISREZEPTE FÜR RAHMEIS UND FRUCHTRAHMEIS

Für unsere verschiedenen Sorten benötigt man ein Basisrezept für Rahmeis, das dann mit den jeweiligen Zutaten in der gewünschten Geschmacksrichtung ergänzt wird.

Diese Grundbasen sind für fast alle Eissorten zu verwenden.

Wichtig bei der Eisherstellung:

Arbeiten Sie stets peinlich sauber! Die gekochten Eissorten möglichst schnell (evtl. im Eisbereiter) herunterkühlen und anschließend sofort einfrieren.

Verwenden Sie saubere vorgekühlte Eisbehälter und lagern Sie das Eis zugedeckt bei -18°C im Tiefkühlschrank.

Frisches Eis sollte möglichst bald gegessen werden, dann schmeckt es am allerbesten!

Grundbasis Rahmeis

ergibt ca. 1500 g

500 g Milch 3,5 % Fett
500 g Sahne
200 g Zucker
6 Eigelbe
6 Eier

In einem Topf die Milch und die Sahne mit 2/3 des Zuckers aufkochen.

Eier und Eigelbe mit dem restlichen Zucker verrühren und mit der Sahne-Milch vermischen. Mit dem Schneebesen kräftig schlagen und bis kurz vor dem Siedpunkt erhitzen. Einen Holzkochlöffel in die Creme tauchen. Bleibt der Kochlöffel mit der Creme bezogen und bilden sich beim Anblasen Kringel, ist die Eismasse fertig »zur Rose abgezogen«. Dabei aufpassen, dass die Masse nicht gerinnt.

Basisrezept für Fruchtrahmeis

250 g Läuterzucker (siehe unten)
500 g Grundbasis für Rahmeis (entspricht ca. 1/3 vom Rezept)
500 g Fruchtsauce je nach Sorte

Läuterzucker: 2 Teile Zucker mit 1 Teil Wasser aufkochen und abkühlen lassen (lässt sich aufbewahren)

Alles verrühren und sofort in der Eismaschine gefrieren.

SPEZIELLE EISZUBEREITUNGEN

Jedes Rezept ergibt ca. 24 Kugeln

Brombeerrahmeis

250 g Läuterzucker
500 g Grundbasis Rahmeis
500 g Fruchtsauce Brombeer

Erdbeerrahmeis

250 g Läuterzucker
500 g Grundbasis Rahmeis
500 g Fruchtsauce Erdbeere

Mangorahmeis

250 g Läuterzucker
500 g Grundbasis Rahmeis
500 g Fruchtsauce Mango

Schokoladenrahmeis

500 g Grundbasis Rahmeis
350 g Zartbitter Kuvertüre, geschmolzen

Vanillerahmeis

500 g Grundbasis Rahmeis
3 Vanilleschoten, der Länge nach aufgeschnitten und ausgekratzt

Pistazienrahmeis

500 g Grundbasis Rahmeis
150 g Marzipan mit etwas Amaretto (ca. 80 g) weich geknetet
300 g fein geriebene Pistazien

Jeweils alle Zutaten gut verrühren und sofort in der Eismaschine gefrieren.

REGISTER

DANKSAGUNG

Die Autoren und der ARTEA Verlag möchten sich an dieser Stelle ganz besonders bei der Haberl Gastronomie bedanken, die uns nicht nur ihre Küche im Münchener Olympiaturm-Restaurant zur Verfügung gestellt hat, sondern auch ihre Spitzenköche, die sämtliche Rezepte in diesem Buch mit viel Liebe und Geduld zubereitet und angerichtet haben.

Haberl Gastronomie
Spiridon-Louis-Ring 7
80809 München

www.haberl.de
www.drehrestaurant.de

Ferner gilt unser Dank allen folgenden Firmen und Unternehmen, die uns in mannigfaltiger Hinsicht professionell unterstützt, ausgestattet und optimal beraten haben:

Rosenthal Studio Haus
Dienerstraße 17
80331 München
www.rosenthal.de

Geschirr, Gläser, Vasen, Besteck

Die Firma Rosenthal stellte uns das komplette Geschirr für Menüs und Dekorationen in diesem Buch zur Verfügung.

Apart Stores
Georg-Wimmer-Ring 3
85604 Zorneding
www.apart.de

Tischwäsche, Stühle und Hussen, Wohnaccessoires

Hanna Raissle
Styling & Floristik
Tulpenstraße 9
82024 Taufkirchen
www.hannaraissle.de

www.rundumdentisch.de

Vasen, Florales, Kerzen, Dekoartikel, Tischaccessoires, Bücher

Alte Gärtnerei
Maria Luca
Tegernseer Landstraße 129
82024 Taufkirchen

www.die-alte-gaertnerei.com

Veranstaltungsräume
Garten- und Wohnaccessoires

Le Gourmet Weine
Laureen Koch
Spatzenlohweg 16
82054 Sauerlach
www.legourmetweine.de

Weine, Feinkost

Galleria dei Masters
Sepp Herberger Straße 12
85375 Neufahrn
www.piemontweine.net

Piemonteser Weine

ACRYL Inneneinrichtung
Maximiliansplatz 18
80333 München
www.acryl-moebel-muenchen.de

Acrylmöbel nach Maß

Leonardo
Industriegebiet Herste
33003 Bad Driburg
www.leonardo.de

Glasgefäße für Tisch und Wohnung

PINTINOX
Römerstraße 91
73066 Uhingen
www.pintinox.it

Besteck und italienische Designprodukte für den Tisch

Robbe & Berking Silber
Zur Bleiche 47
24941 Flensburg
www.robbeberking.de

Bestecke, Silberwaren

Böhmler im Tal
Im Tal 11
80331 München
München
www.boehmler.de

Wohnmöbel und Tischausstattung

Stellwag
Ilshofener Straße 3
74532 Ilshofen-Eckartshausen
www.stellwaggmbh.de

Gel-Kerzen

Red Bull GmbH
Deutschland
Osterwaldstraße 10
80805 München

Vitalgetränke

Döbereinerstraße 5
D-81247 München, Germany

www.artea.de

Redaktion: Gabriele Schiffer
Lektorat: Susanne Rick

Gestaltung:
Schiffer Graphic Design, München

Druck und Bindung:
Graphicom, Vicenza/Italien

ISBN 3-933861-55-1